＼書きこむだけ！／

思考力が身につく

小論文ノート

総合型選抜専門塾 AOI元講師 河守晃芳監修

Gakken

● は じ め に ●

　この本では、「小論文の書き方」というテーマに焦点を当て、高校生の皆さんが小論文で高得点を取るための基本的な方法をマスターできるように作られています。

　小論文は、学校推薦型選抜のみならず総合型選抜や医学部の一般選抜でも使用されるので、受験者数は意外と多いのです。さらに、小論文の学習は、批判的思考力や表現力、読解力など、様々なスキルを磨く上で非常に重要です。

　しかし、「小論文の書き方」と言われると、意外とメソッドが確立されていないものです。実際、私は受験生時代に小論文の書き方を学校の先生に質問したことがあります。しかし、その時は「小論文はノリと気分で書けば良い」と返答されたことを今でも覚えています。たしかに、小論文は長い文章を一気に書かなくてはならないので、そういった精神的な高揚が執筆に影響することは多いにあります。しかし、それでは再現性がなく、一部の天才しか合格圏に辿りつくことはないでしょう。そもそも、書き方を知らなければ気分が乗る以前の話であり、鉛筆が止まってしまうことは間違いありません。

この本は、そんな皆さんの小論文の迷いや疑問を解消するために作られました。そのため、一人ひとりがつまずきそうな部分に焦点を当てて重点的に解説がなされています。つまり、今まで私たちが蓄積してきた小論文のノウハウが詰まったガイドブックと言えます。さらに、この本では書き込み式にすることによって、一人でも書き方を学べるように工夫しています。特に、高校生が一から小論文を学習するにあたり、章ごとにテーマを割り振り、ステップごとにやることを細かく設定しているなど、少しずつ上達できるように設計してあります。

　小論文で迷ったときは、この本に立ち返り、正しい方向に向かって努力して欲しいと思います。皆さんが小論文で迷っている疑問の答えは、この中に存在しているはずです。ぜひたくさん書き込んで、学習を深めてほしいと切に願っています。この本を演習し、皆さんの知識と表現力を広げる旅を楽しんでください。

河守 晃芳

① 小論文の書き方を学ぼう

まずは、文章の書き方、小論文の書き方についての解説を読み、イメージを身につけましょう。

小論文とは何か、どうやって書けばよいのか、段階を踏んで丁寧に解説してあります。

第1章 文章の書き方の基礎

文章の書き方の基礎

1. 小論文とは？

🔓 小論文はなぜよく出題されるのか？

「小論文」は、論理的思考力、文章表現力、理解力など、一般的な学科試験だけでは測ることが難しい総合的な学力を測るために、様々な大学で入試科目として採用されています。

しかし、「小論文」の試験で問われているのは、総合的な学力だけではありません。「小論文」の問題には、志望分野に関するテーマの課題文や資料などが出題され、それを正確に把握したうえで自分の意見を論理的に述べることを求めるものが多いのです。このように複合的な出題に対応しながら出された解答を通じて、受験生が志望分野についてどれだけ勉強しているか、時間を割いて考えてきたかを採点者は知ることができます。

よって、各大学ごとに特色ある「小論文」の問題には、志望分野に対する興味・関心、そしてこれからの学びへの意欲を測るという出題者のねらいがあることを知っておきましょう。特に医療系や教育系などの分野では、受験生の人格や考え方、分野への適性を問うねらいから出題されることも多いのです。

🔓 小論文の学習で身につく力とは？

小論文の書き方を学ぶことで、考える力、書く力、伝える力が身につきます。問題に対して自分で考える、その考えを文章にして、読む人が納得できるように伝える力が身につきます。論理的思考力、文章表現力、情報収集能力、批判的思考力を伸ばすことができます。

🔓 小論文の学習は、将来どのように役立つか？

小論文の試験では、自分の志望する学部のテーマと関連した社会問題が扱われることも多いので、当然、社会問題について考えるきっかけになるでしょう。

高校生のうちから社会問題について考えておくことは、今後の自分の人生にとって有益というだけではありません。昨今、投票率の低下など、若い人たちの社会への関心の低下が懸念されていますが、小論文の問題をきっかけに、若い人たちが社会問題に目を向け、積極的に関わることは、私たちの暮らす日本が変わることにつながります。

🔓 小論文と作文の違いとは？

作文は、課題に即した自分の体験を取り上げ、その体験の中で感じたことや思ったことなど、自分の気持ちを相手に伝える文章です。

一方、小論文は、与えられたテーマや問題に対する自分の意見や考えを伝え、相手に納得してもらうための文章です。

ですから、小論文で意見を述べるときは、必ず自分の意見の根拠を示しましょう。たとえば、ただ「本を読んだほうがよい」と言われるより、「知識を得ることもできるし、視野を広げることもできるから、本を読んだほうがよい」と言われたほうが、説得力があり相手を納得させやすくなりますよね。

🔓 よい点数をもらえる小論文とは？

「小論文」では、「主観的」な意見ではなく「客観的」な意見が求められます。

▶ **主観**……………………… 自分だけの見方や考え方のこと。
▶ **主観的な文章**の例……… 「富士山は、とても美しく神秘的な山だ。」

富士山を見て美しく思うかどうかは、人によって異なります。「とても」がどの程度を表すのかも、人によって異なるでしょう。「感情」や「決めつけ」も主観といえます。

▶ **客観**……………………… 誰にとっても変わらない見方や考え方のこと。
▶ **客観的な文章**の例……… 「富士山は、標高3775.51mの日本で一番高い山だ。」

富士山が「標高3775.51m」であること、「日本で一番高い山」であることは、誰にとっても変わらない、客観的な事実です。

summary

小論文は、与えられたテーマや問題に対して、客観性のある根拠を示しながら、読み手が納得できるように自分の意見を述べる文章のことです。

たとえば、事件や事故のニュースを見て、「大変だ、かわいそう」だけで終わるのではなく、「なぜこのようなことが起こるのか」と考えて自分の意見とその理由を書いていくと、小論文になります。

読む人を意識し、相手に「なるほど」と思ってもらえるように、自分の意見を論理的に書くことを心がけると、さらによい小論文になります。

② 問題を解いてみよう

イメージをつかんだら、ワークシートに書きこみながら、実際の問題を解いていきましょう。

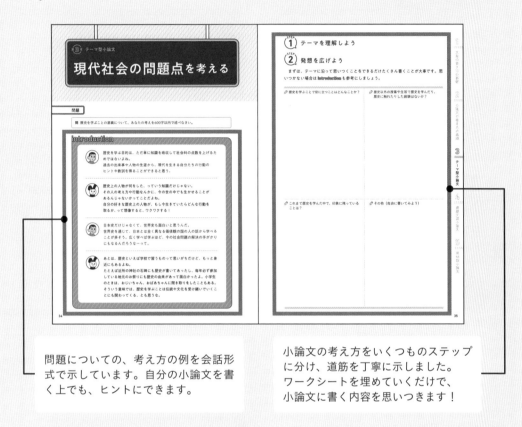

問題についての、考え方の例を会話形式で示しています。自分の小論文を書く上でも、ヒントにできます。

小論文の考え方をいくつものステップに分け、道筋を丁寧に示しました。ワークシートを埋めていくだけで、小論文に書く内容を思いつきます！

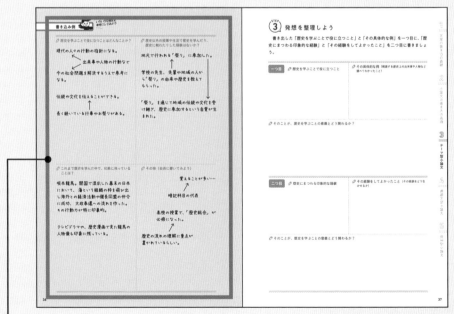

ページをめくったところにある書き込み例を参考にして、考えをさらに深め、次のステップに進みましょう。

contents

第1章 文章の書き方の基礎

文章の書き方の基礎 ……… 8

1. 小論文とは？ ……… 8
2. 小論文の基本ルール ……… 10
3. 文章を書くときの基本ルール ……… 12
4. 小論文の採点基準 ……… 14
5. 原稿用紙の使い方 ……… 16

第2章 小論文の書き方の基礎

小論文の書き方の基礎 ……… 20

1. 小論文の種類 ……… 20
2. 設問を分析しよう ……… 22
3. 序論を書いてみよう ……… 24
4. 本論を書いてみよう ……… 26
5. 結論を書いてみよう ……… 29

column
メモで発想を広げよう ……… 30

第3章 テーマ型小論文

テーマ型小論文ってどんなもの？ ……… 32

テーマ型小論文のSTEP ……… 32

現代社会の問題点を考える ……… 34

第4章 課題文型小論文

課題文型小論文ってどんなもの？ ……… 46

課題文型小論文のSTEP ……… 46

要約の手順をマスターしよう ……… 48

column
課題文型小論文 頻出テーマ ……… 51

問題提起をとらえ、現状や原因、対策を述べる ……… 52

要約をマスターしよう ……… 66

第5章 資料型小論文

資料型小論文ってどんなもの？ ……… 82

資料型小論文のSTEP ……… 82

資料を読み取るコツを身につける ……… 84

column
資料型小論文 頻出テーマ①
【外国人労働者】 ……… 87

資料を読み取り、問題を解く ……… 88

column
資料型小論文 頻出テーマ②
【少子高齢化】 ……… 103

目的に沿って資料を選択する ……… 104

column
資料型小論文 頻出テーマ③
【ジェンダー】 ……… 109

第 **1** 章

文章の
書き方の基礎

文章の書き方の基礎

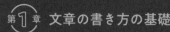

1. 小論文とは？

🔓 小論文はなぜよく出題されるのか？

　「小論文」は、論理的思考力、文章表現力、理解力など、一般的な学科試験だけでは測ることが難しい総合的な学力を測るために、様々な大学で入試科目として採用されています。

　しかし、「小論文」の試験で問われているのは、総合的な学力だけではありません。「小論文」の問題には、志望分野に関するテーマの課題文や資料などが出題され、それを正確に把握したうえで自分の意見を論理的に述べることを求めるものが多いのです。このように複合的な出題に対応しながら出された解答を通じて、受験生が志望分野についてどれだけ勉強しているか、時間を割いて考えてきたかを採点者は知ることができます。

　よって、各大学ごとに特色ある「小論文」の問題には、志望分野に対する興味・関心、そしてこれからの学びへの意欲を測るという出題者のねらいがあることを知っておきましょう。特に医療系や教育系などの分野では、受験生の人格や考え方、分野への適性を問うねらいで出題されることも多いのです。

🔓 小論文の学習で身につく力とは？

　小論文の書き方を学ぶことで、考える力、書く力、伝える力が身につきます。問題に対して自分で考える力、その考えを文章にして、読む人が納得できるように伝える力が身につきます。論理的思考力、文章表現力、情報収集能力、批判的思考力を伸ばすことができます。

🔓 小論文の学習は、将来どのように役立つか？

　小論文の試験では、自分の志望する学部のテーマと関連した社会問題が扱われることも多いので、当然、社会問題について考えるきっかけになるでしょう。

　高校生のうちから社会問題について考えておくことは、今後の自分の人生にとって有

益というだけではありません。昨今、投票率の低下など、若い人たちの社会への関心の低下が懸念されていますが、小論文の問題をきっかけに、若い人たちが社会問題に目を向け、積極的に関わることは、私たちの暮らす日本が変わることにつながります。

🔓 小論文と作文の違いとは？

作文は、課題に即した自分の体験を取り上げ、その体験の中で感じたことや思ったことなど、自分の気持ちを相手に伝える文章です。

一方、小論文は、与えられたテーマや問題に対する自分の意見や考えを伝え、相手に納得してもらうための文章です。

ですから、小論文で意見を述べるときは、必ず自分の意見の根拠を示しましょう。たとえば、ただ「本を読んだほうがよい」と言われるより、「知識を得ることもできるし、視野を広げることもできるから、本を読んだほうがよい」と言われたほうが、説得力があり相手を納得させやすくなりますよね。

🔓 よい点数をもらえる小論文とは？

「小論文」では、「主観的」な意見ではなく「客観的」な意見が求められます。

▶「主観」…………………… 自分だけの見方や考え方のこと。

▶「主観的な文章」の例 ……「富士山は、とても美しく神秘的な山だ。」

富士山を見て美しく思うかどうかは、人によって異なります。「とても」がどの程度を表すのかも、人によって異なるでしょう。「感情」や「決めつけ」も主観といえます。

▶「客観」…………………… 誰にとっても変わらない見方や考え方のこと。

▶「客観的な文章」の例 ……「富士山は、標高3775.51mの日本で一番高い山だ。」

富士山が「標高3775.51m」であること、「日本で一番高い山」であることは、誰にとっても変わらない、客観的な事実です。

summary

小論文は、与えられたテーマや問題に対して、客観性のある根拠を示しながら、読み手が納得できるように自分の意見を述べる文章のことです。

たとえば、事件や事故のニュースを見て、「大変だ、かわいそう」だけで終わるのではなく、「なぜこのようなことが起こるのか」と考えて自分の意見とその理由を書いていくと、小論文になります。

読む人を意識し、相手に「なるほど」と思ってもらえるように、自分の意見を論理的に書くことを心がけると、さらによい小論文になります。

2. 小論文の基本ルール

ここでは、よい小論文を書くための、基本ルールを学びます。

🔓 具体例は一般的なものを挙げること！

　個人的なエピソードや体験談は、「主観的」な文章になりやすいので注意が必要です。突飛な例、極端な例ではなく、広く普及している事例や考えを挙げるとよいでしょう。たとえば、日本のジェンダーギャップについて、「女性の国会議員や企業の管理職の数が他国に比べて少ない」というように、社会で知られている事実を用いましょう。

🔓 独自性を出すには……

　小論文では、個性的な意見、独自性のある発想が重視されるといわれることもあります。しかし、だからといって、「地球環境を守るために、化石燃料の使用は今すぐゼロにすべきだ」というような現実離れした考え方や、極端な意見は説得力をもちません。
　意見そのもので独自性を出すのではなく、その意見について、適切な具体例を使って根拠を説明すれば、オリジナリティを出すことができます。効果的な具体例は、独自性を出すことにつながります。

🔓 差別や偏見につながる内容は書かない！

　「男性はたくましい」「女性はしとやか」「日本人は几帳面」「アメリカ人は自己主張が強い」「Ａ型の人は真面目」「Ｏ型の人は大雑把」こうした考えは、偏ったイメージにすぎず、何の根拠もありません。実際には、人によって様々です。
　さらには、差別や偏見につながってしまうものもあります。
　「保育士は女性に向いている」「男性は理系に強い」「子育て中の女性に仕事は無理」など。人種、国籍、思想、性別、障害、職業、外見などを理由に、個人や集団を誹謗・中傷する、けなす、差別するような発言は、書き手の人格を疑われます。絶対に書くべきではありません。

🔓 話し言葉や略語は使用しない！

　読み手に自分の意見を正しく理解してもらうためには、誰もが知っている言葉を使う必要があります。友人同士で使う話し言葉や略語では、読み手（採点者）にはわからないこともあります。小論文ではそうした言葉の使用は厳禁です。

🔓 文字数は、指定字数の８割以上、できれば９割以上書く！

　文字数の基準は、最低でも指定字数の８割以上、理想は９割以上です。明らかな字数不足は、大幅な減点がされます。逆に字数オーバーも、設問の条件を無視したものとして減点の可能性があります。字数制限は守りましょう。

　「○○字以上、○○字以下」とある問題では、指定された字数の範囲内に収めるようにしましょう。

　また、「○○字程度」とある問題では、指定された字数のプラスマイナス10％ぐらいにまとめましょう。

🔓 時間切れには気をつけよう！

　小論文の試験で不合格になる生徒の多くが「時間が足りなかった」と言っています。試験時間以内に、原稿用紙に書き終わらなかったという失敗をしないためには、試験時間と時間配分を意識して練習しておくとよいでしょう。課題文型だったら、読み取りに15分かけ、メモ、プロットに15分、残りの時間は執筆に当てるというような時間配分をして、実際に書いてみます。プロットを活用し、原稿用紙に書く時間に余裕がもてるようにしましょう。

NG小論文

　日本では少子高齢化が進んでおり、やばいらしい。育児期間の女性は、仕事と両立することはできないので、仕事をやめても生活に影響が出ないように、育児期間の男性の給料を増やすべきだ。ただし、保育士や看護師は女性の仕事なので、やむをえないだろう。

✕ 話し言葉
✕ 極端な意見・決めつけ
✕ 差別や偏見につながる

OK小論文

　日本では少子高齢化が進んでおり、少しでもそれに歯止めをかけることは大切な課題である。これに歯止めをかけるには、子育て支援を強化すべきだ。女性の出産・育児への不安を軽減し、仕事と育児の両立を支援するため、保育園や学童保育の拡充、男性の育児休暇取得を進めることが必要である。

summary

　よい小論文を書くため注意しなければならないことは、基本ルールとして覚えておきましょう。自分の書いた文章を、基本ルールの視点で読み返し、不自然なところや矛盾点はないかチェックしてみましょう。

3. 文章を書くときの基本ルール

ここでは、小論文での言葉の使い方や、漢字の基本ルールを学びます。

🔓 言葉遣いのルール

1. 文末は、「だ」「である」体で統一します。「です」「ます」体を混ぜて書いてはいけません。

2. 「チョー」「マジ」「ヤバイ」などの日常語（話し言葉）を用いてはいけません。

3. 「？」「！」などの記号表現を使用してはいけません。

4. 「スマホ」「バイト」などの略語は、原則使用しません。ただし、設問や課題文の中で略語が使用されている言葉は、使用しても問題ありません。

5. 「話し言葉」は「書き言葉」に言い換えましょう。

種別	話し言葉	書き言葉
人称	自分・僕	私
呼称	おじいちゃん	祖父・祖母
	おばあちゃん	高齢者
「ら」抜き言葉	出れる	出られる
「い」抜き言葉	してる	している
音便	しょうがない	しかたがない
	しているんだが	しているのだが
接続語	ていうか	というよりも
	じゃなくて	ではなくて
	とか	など
	なので	よって・したがって
	あと	また・さらに
強調	すごく・超・マジ	とても・非常に
	ちゃんと	十分に
強調	いろんな	色々な・様々な
	全然	全く
	だんだん	徐々に

6. 接続語の働きを理解して、正しく使いましょう。

つけ加える	なお・さらに・そのうえ・しかも
結果を示す	したがって・それで・それゆえ
理由を示す	なぜなら
具体例を挙げる	たとえば
ほかの面を挙げる	一方
反対のことを言う	しかし・ところが
まとめる	つまり・このように

🔓 漢字のルール

1. 間違えやすい漢字には注意しましょう。

× 成積	→	○ 成績	× 完壁	→	○ 完璧	× 誤ち	→	○ 過ち
× 過り	→	○ 誤り	× 移席	→	○ 移籍	× 一諸	→	○ 一緒
× 卒直	→	○ 率直	× 主脳	→	○ 首脳	× 収獲	→	○ 収穫
× 検約	→	○ 倹約	× 粉争	→	○ 紛争			

2. 同音異義語（読みが同じで意味が異なる語）は、表記の間違いが多いので、注意しましょう。

「対象」「対称」「対照」	「局地」「極地」「極致」	「補償」「保証」「保障」	「検討」「見当」「健闘」
「若干」「弱冠」	「制作」「製作」	「配布」「配付」	「驚異」「脅威」
「決済」「決裁」	「過程」「課程」	「異議」「異義」	

summary

言葉遣いや漢字の間違いは、減点につながります。
「言葉遣いのルール」「漢字のルール」を確認し、これらを守って書くようにしましょう。
なお、「ルール」ではありませんが、一文の長さにも気をつけましょう。一文が長すぎると、文法的な間違いのもとになります。一文は60〜80字ぐらいまでにするのがお勧めです。

4. 小論文の採点基準

ここでは、小論文の採点基準について説明します。

🔓 設問の理解度（設問に正確に答えられているか？）

設問を正しく理解し、それに対して適切に答えられているかは重要なポイントです。
設問に条件がある場合は、その条件を満たす適切な答え方で解答しましょう。
たとえば、「〜に賛成か、反対か、あなたの意見を述べなさい」と問われたならば、
「私は、〜に賛成だ。なぜなら…」のように、最初に賛成か反対かという自分の立場を
表明し、その根拠を示していきましょう。

🔓 論述の内容・知識力（内容に現実性があるか？）

設問で問われる問題の現実、現状を知っておかなければなりません。
たとえば「交通機関におけるバリアフリー化について、どのように考えるか」と問われたならば、

▶ **現在、交通機関の「バリアフリー化」はどの程度進んでいるのか**

▶ **問題点はどこにあるのか**

▶ **今後どのようにしていくべきなのか**

といったことを具体的に述べる必要があります。問題の現実、現状を知らなければ、原因や背景はわかりませんし、解決策や今後のあり方について考えることは難しくなります。そして自然と、内容に現実性がなくなります。

そこで、自分が志望する学部のジャンルを中心に、新聞や書籍、テレビのニュース、インターネットなどを活用し、日ごろからアンテナを張って、志望分野に関する情報を積極的に集めておきましょう。一つ一つの小さな情報を集めておくと、小論文ではとても役に立ちます。

🔓 論理的思考力
（客観性のある理由や根拠に基づいた意見で説得力ある文章になっているか？）

P.9や10でも述べたように、主観的な感情論や、一方的に決めつけた意見は、評価されません。

▶ **自分の意見に対して、客観性のある理由や根拠が述べられているか**

▶ **適切な具体例が用いられているか**

▶ **内容の一貫した、つながりがある文章になっているか**

などの観点で採点されることを知っておきましょう。

🔓 文章の構成（適切に段落を分けられているか？）

　小論文では、「課題文や資料の読み取り」「問題の分析や自分の意見」「その理由や根拠」「具体例」「解決策」「今後のあり方」など、書くべきことがたくさんあります。

　内容ごとのまとまりを意識して、段落に分け、自分の出した結論へ話が展開するように、全体を構成する必要があります。

　一つの段落に多くの内容を入れすぎてはいけません。必要のないことまで書いて、その段落だけを膨らませてしまうと、まとまりがなくなり、全体のバランスも悪くなります。それぞれの段落に書かなければならない内容を、きちんと適切な字数で書けているかどうかも評価の対象です。最初のうちは序論（１段落）、本論（１〜２段落）、結論（１段落）の、３〜４段落構成を意識するとうまくいくことが多いです。

🔓 語彙力・表現力（正しい日本語で書いているか？）

　言葉遣いのルールが守られているか、適切な表記で正しい日本語を書けているかも重要です。

　国語の教科書で使われるレベルの漢字は、ひらがなではなく、できるだけ漢字で書くようにしましょう。ただし、漢字で書けるものはすべて漢字にするのではなく、形式名詞（「もの」や「こと」など）などは、適宜ひらがなで書いたほうがよいでしょう。

　また、正しく原稿用紙を使えるようにしておきましょう。

summary

設問に対して適切に答えているか、内容に現実性があるか、客観的で説得力のある文章か、適切に段落分けがされ、正しい日本語で書かれているかといった小論文の採点基準を理解しておきましょう。

「とりあえず書いた」だけでは、合格につながりません。

5. 原稿用紙の使い方

　ここでは、原稿用紙の使い方を確認します。最近では横書きの原稿用紙が用いられることが多いようです。

🔓 書き出しと、段落の最初は１マス空ける

　文章は複数の段落によって構成されています。そのため、一文字目、段落を変えるときは改行し、１マス空けて書き出します。

	原	稿	用	紙	を	、

　ただし、短い記述問題や要約など、段落変えを前提としない問題に解答する場合は、書き出しは空けません。

🔓 数字の書き方

　１マスに２文字書きます。小数点「.」も同様です。

0.	32

50	00	人

🔓 アルファベットの書き方

　大文字は１マスに１文字、小文字は１マスに２文字書きます。

A	pp	le

S	N	S

記号の書き方

　句読点「、」「。」、符号「・」「〜」、括弧記号「　」『　』（　）は、原則１マス分を使います。例外として句点（。）と閉じかぎ（」）は１マスに入れます。
「……」（リーダー）「——」（ダッシュ）は２マス分を使います。

、	。	「	。」	… …

　記号や句読点が次の行の最初のマスにきてしまうときは、改行せずに最後のマスに入れます。

私	は	、		「	環	境	問	題
」	に	つ	い	て		意	識	し

私	は	、		「	環	境	問	題」
に	つ	い	て		意	識	し	た。

　ただし、短い記述問題や要約など、段落変えを前提としない問題に解答する場合は、改行して行頭のマスに入れます。
　小さく書く促音「っ」、拗音「ゃ」「ゅ」「ょ」、長音「—」は、行最初のマスに入れます。

人	類	は	、		道	具	を	使っ
て		生	活	を		豊	か	な	も

人	類	は	、		道	具	を	使
っ	て		生	活	を		豊	か	な

summary

> 「原稿用紙の使い方」のルールを守って書くことが大切です。
> 間違った書き方は、減点につながります。ルールをしっかり確認しておきましょう。

第 **2** 章

小論文の書き方の基礎

小論文の書き方の基礎

いろいろな種類の
小論文があるよ

1. 小論文の種類

ここでは、小論文の三つの種類について確認します。

🔓 テーマ型

設問だけが与えられ、それに答えるタイプの問題です。

問題例

- ・「『超高齢社会』について、論じなさい。」
- ・「出生前診断について賛成か、反対か。あなたの意見を書きなさい。」
- ・「今までに読んだ本を一冊取り上げて、あなたがその本のどんな点に感銘を受けたかを述べなさい。」
- ・「あなたの高校時代の活動について、自由に書きなさい。」

🔓 課題文型

課題となる文章が与えられ、それを読んで答えるタイプの問題です。

問題例

（問）以下の文章を読んで、自己アピールの重要性について、あなたが考えたことを論じなさい。

　自らの思想や行動の理由を言語化することは、自分の考えや行動に客観的な意味を与え、他人に理解可能なものにする。物事に対する感じ方や考え方、あるいは文化などの異なる人が共生する現代社会では、互いの考えを言語化して伝え合うことは必要不可欠だ。

　現代社会を生きる人々の大半は、自分と何かを共有しているわけではない他者だ。そのような他者にも自己の活動の意味を伝え、それによって他者からの協力や評価を引き出さなければ、私たちは社会的に生き延びることはできないだろう。したがって、私たちは自分の考えや自分の活動を客観的に捉え直し、その意味をわかる形で相手に伝えなければならない。

資料型

　グラフや表などの資料が与えられ、それを見て答えるタイプの問題です。複数の資料を比較、分析する問題も出題されます。また、図・写真・絵などが与えられて、それについて論じる問題もあります。

問題例

（問）次の資料からわかることと、それに対するあなたの考えを述べなさい。

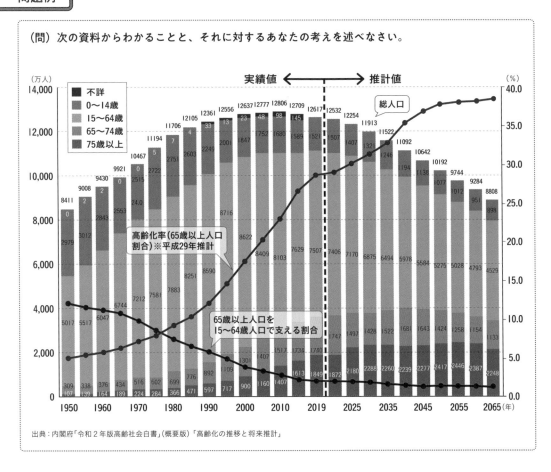

出典：内閣府「令和2年版高齢社会白書」(概要版)「高齢化の推移と将来推計」

point

小論文の種類は、おもに「テーマ型」「課題文型」「資料型」。

2. 設問を分析しよう

ここでは、「設問の分析」について説明します。
例として、以下の「テーマ型」問題を取り上げます。

問題例①

近年、理不尽な校則への批判や、多様性の尊重を背景に、学校の制服についての議論が盛んになって
います。そこで、学校の制服のメリット、デメリットをふまえ、あなたの意見を述べなさい。

設問に答えるにあたって最初にすることは、「設問を読んで、何が問われているのか
を正確に理解する」ことです。設問を正しく理解し、それに対して適切に答えられてい
なければ、どんなによいことを書いても、高く評価されることはありません。

設問を正しく理解し、それに対して適切に答えるためには、まずは問題文を分解して、
答えることを明確にしていく必要があります。

この問題例の問題文を分解すると、次のようになります。

❶ 近年、理不尽な校則への批判や多様性を尊重する考えを背景に、学校の制服についての議
　論が盛んになっている。
❷ 学校の制服のメリット、デメリットについて考える。
❸ それらをふまえて自分の意見を述べる。

この場合は、❶の「理不尽な校則」、「多様性を尊重」を頭に置いて、❷のメリット、
デメリットを考えましょう。求められているのは自分にとってのメリット、デメリット
ではなく、社会一般にも通じるメリット、デメリットです。高校生は制服の問題の当事
者でもあるので、意見に主観が影響するのは当たり前ですが、単純な好き嫌いを述べる
のではなく、社会における「学校の制服」というものについて論じるのだということを
理解しておきましょう。

ただし、一般論として通じることを出そうとするとなかなか思いつかない、という場
合は、もう少し気楽に思いついたメリット・デメリットを書き出し、それから絞ってい
くとよいでしょう。書き出したものを検討する過程で、学校の制服のメリット・デメリッ
トのどこにポイントを置いて自分の意見を述べたいのかが、はっきりしてきます。

> **メリット**
>
> ▶ 制服があると、生徒は学校に着ていく服装で悩まなくて済む。
> ▶ 服装から家庭の貧富の差がわからないので、平等だといえる。
> ▶ 規律的な性格をもつので、学校生活を安定させるうえで役立つ。
> ▶ 統一感があるので、生徒に帰属意識や連帯感が生まれる。
> ▶ 生徒の社会的所属が外見から明らかになる。

> **デメリット**
>
> ▶ 毎日同じものを着用するので衛生的でない。
> ▶ 個性を出すことができない。
> ▶ 服装に関する意識が鈍る。
> ▶ 同質的な集団であることを押しつけられる。
> ▶ 身につけるデザインが男女で分けられていることが多く、苦痛に感じている生徒もいる。

　現在の社会的背景をふまえて、メリット・デメリットを検討し、メモを書きましょう。どの点に重点を置いて論じるかを明確にします。

　メリットに重点を置くなら、

▶ **私は、学校の制服には賛成である。**

　デメリットに重点を置くなら、

▶ **私は、学校の制服には反対である。**

という意見が考えられますが、この設問の条件は、単に制服についての賛否を問うことではなく、制服のメリット・デメリットをふまえた意見を求めているという点であることに注意が必要です。賛成、反対の二択ではなく、設問で触れられている理不尽な校則への批判や多様性を尊重する考えの広がりという社会的背景をふまえて、メリット、デメリットについて掘り下げて検討し、学校の制服についての意見対立の解決策を述べるという方向性でまとめましょう。

　このように、設問の意図を正しく読み取ることは、小論文の方向性を決めるうえで大切です。設問の条件はしっかり押さえましょう。

point

設問の正確な理解が小論文の方向性を決める。問題文を分解して丁寧に読み取ろう。

3. 序論を書いてみよう

　小論文は、「序論」「本論」「結論」の順に書くことが基本です。ここでは、P.22の問題例①を例に、まずは「序論」について詳しく説明していきます。

🔓 序論

　序論では、設問の意図を確認し、自分の意見を端的に述べます。設問を正しく理解していることをアピールすることが大切です。意見を考える際には、設問の背景と、そこにある社会問題について考えましょう。一般に言われていること（社会的通念）に対して自分が持っている問題意識などを書いてみるのもよいでしょう。

解答例（序論）

	私	は	、	学	校	の	制	服	が	一	律	に	強	い	ら	れ	て	い	る
こ	と	に	つ	い	て	は	疑	問	を	感	じ	て	い	る	。	い	く	つ	か
の	点	で	学	校	生	活	上	の	便	利	さ	が	あ	る	こ	と	は	認	め
る	が	、	学	校	に	は	様	々	な	生	徒	が	お	り	、	男	女	別	の
制	服	に	よ	っ	て	精	神	的	に	苦	痛	を	感	じ	る	人	や	、	身
体	的	特	徴	か	ら	制	服	で	は	行	動	を	制	限	さ	れ	て	し	ま
う	人	も	い	る	。	現	在	、	社	会	で	は	多	様	性	の	尊	重	が
重	視	さ	れ	始	め	て	お	り	、	学	校	も	多	様	な	個	性	を	尊
重	す	る	場	所	で	あ	る	べ	き	で	あ	る	。						

🔓 序論と展開のパターン

　設問に対して、的確に自分の立場や意見を答え、結論に向けて流れを作りましょう。
▶「私は、〜に対して、……と考える。」
▶「私は、〜に対して賛成（反対）である。なぜならば……だからだ。」
▶「○○について、一般に〜と言われているが、そのことについて私は……と考える。」

　課題文型と資料型については、課題文や資料から読み取ったことについても述べましょう。
▶「筆者は、〜と述べている。それに対して私は、……」
▶「資料から〜を読み取ることができる。それに対して私は、……」

結論部分では、序論で示した意見を再び提示してまとめることになります。したがって序論は、結論に向けて話を起こし、流れを作る部分であることを意識して書きましょう。

🔓 序論で書いてはいけないこと

設問に対して的確に答えていない序論の例を挙げておきます。

1. 不要な前置き

「自由について」というテーマで、「私は自由について考えたことを述べる。」などの前置きを書いてしまわないようにしましょう。設問のテーマを繰り返しているだけです。

2. テーマから遠い、テーマと関係ない内容から始める

「ＡＩ（人工知能）」というテーマで、「グローバル化が進む社会では」などとテーマから遠い、テーマと関係ない内容を書いてしまわないようにしましょう。テーマに関係する内容や具体例に絞って、書き出してみましょう。

3. 何に対しても賛成・反対を示す

「社会でスポーツが果たす役割について、どのように考えるか」という設問に対して、「私はスポーツに賛成だ」などという書き出しは、設問への答えになっていません。

4. 明確な是非を問う設問に対し、明確な解答を示していない

「あなたは死刑制度に賛成か、反対か」というような、はっきりと賛成／反対を問う設問に対して、「死刑制度については、以前〜という事例があった。……」というように、具体例で始めるのでは、設問の条件を満たしておらず、曖昧な印象になります。

5. わからない問題、難しい問題だと書いてしまう

「格差社会」というテーマで、「格差社会は、私にはまだわからない難しい問題だ。」などと書いてしまわないようにしましょう。序論を言い訳のような内容で始めるべきではありません。

point

「序論」では、設問の意図を押さえ、結論に向かう流れを作る。

小論文の
メインだね！

4. 本論を書いてみよう

　ここでは、「本論」の役割について詳しく説明していきます。

🔓 本論

　序論で述べた自分の意見に説得力をもたせます。なぜそのように主張するのか、採点者を納得させる内容を書くことが必要です。

　自分の意見の根拠や理由、原因や背景などを述べます。この例では、設問のテーマについて「学校の制服」のよい面（メリット）や悪い面（デメリット）を整理すると、本論が書きやすくなります。

　また、適切な具体例（データ・事件・ニュース・体験など）を挙げると、説得力が増します。

　P.22の問題例①を例に見てみましょう。

　まず、序論で触れている「学校生活上の便利さにつながるいくつかの点」とはどういうことかを説明します。P.23で問題を分解する際に、メリットとデメリットを書き出しましたね。それを利用して、説明することができます。

　では、「メリット」から具体的に説明しましょう。
　先に挙げた学校の制服のよい面（メリット）のうち、
▷ **制服があると、生徒は学校に来ていく服装で悩まなくて済む。**
▷ **服装から家庭の貧富の差がわからないので、平等だといえる。**
　これらは、生徒にとって学校生活上の便利さといえるでしょう。序論にある「便利さを認める」とはどういうことかが読み手に伝わります。

　さらに具体例として、以下のような具体例を挙げて説明をわかりやすくすることもできます。
▷ **自分が私服登校の際、悩んだ体験**
▷ **制服のない学校に通う友人の話**
　ただし、この部分は意見の主たる部分ではありません。メリットについてむやみに字数を費やすことは控え、具体例を挙げるときは端的にまとめましょう。

次に、序論の「一律に強いられることには疑問を感じる」という主たる意見について、それはどういうことかを説明します。

　「デメリット」から具体的に説明しましょう。「学校もまた多様性を認める場であるべきだ」という意見につながる「デメリット」を選びます。次の「デメリット」が考えられます。

- ▶ （制服を強いられることで、）生徒は個性を出すことができない。
- ▶ （制服を強いられることで、）生徒は同質的な集団であることを押しつけられる。
- ▶ 身につけるデザインが男女で分けられていることが多く、苦痛に感じている生徒もいる。

　このように説明することで、「一律に強いられることには疑問を感じる」とは、どういうことなのかが読み手に伝わります。そしてこのデメリットについて、具体例を挙げてよりわかりやすく説明しましょう。メインとなる意見の説明なので、この例ではメリットよりも詳しく述べることになります。

　具体例として、
- ▶ 制服が個人の服装を厳しく縛るような、理不尽な校則につながっている事例
- ▶ 男女別の制服を苦痛に感じている生徒がいるという事例

などを挙げると、デメリットについて読み手が納得できるでしょう。

　こうした内容のまとまりを意識して段落にします。800字の小論文では、本論を二つの段落にまとめる想定をしておくと書きやすくなります。

　学校の制服のメリットとしては、一般に、学校に着ていく服に悩まなくて済む、経済的に苦しい家庭の生徒が引け目を感じる心配がない、ということが言われている。確かに私自身、私服登校のときは何を着ていくかでずいぶん悩む。生活に余裕のない家庭であれば、不安はさらに膨らむだろう。多くの高校生にとって外見は重要だ。個性を出したい気持ちと同じくらい、周囲から浮きたくない気持ちがある。外見の差を不安に思う生徒にとって、学校の制服は皆同じで平等だという点で便利だ。

　一方で、制服が強制される状態は生徒に別の不安とストレスを与えている。どの生徒にも同じ服装を強いる制服は、生徒の個性の表現を制限し、同質的集団であることを押しつけるデメリットがある。また、男女別の制服が性的少数者の生徒にとって精神的苦痛だという訴えが増え、制服のあり方を見直す学校も出てきている。多様性を尊重する社会を目指す以上、学校でも多様性の尊重を実現しなければならない。

🔓 具体例（データ・事件・ニュース・体験など）の挙げ方

　適切な具体例を挙げることは、小論文に説得力をもたせるうえでとても大切です。そのためには、本を読む、新聞を読む、ニュースを見るなどして、普段から小論文のネタになりそうなことはノートに残しておくとよいでしょう。

point

「本論」では、読み手が納得できる客観的な理由や根拠を示す。

自分の一番言いたいことを
簡潔に述べよう

5. 結論を書いてみよう

ここでは、「結論」の役割について詳しく説明していきます。

🔓 結論

　これまで書いてきたことをまとめます。序論で述べた自分の意見と内容が重なりますので、全く同じにならないように工夫しましょう。本論で根拠や理由、原因や背景などを述べているので、それをふまえて結論としてまとめましょう。序論と結論が全く同じだと繰り返しのような印象になります。表現に気をつけることはもちろんですが、今後の対策や、今後持つべき心構えなど、「序論そのまま」ではない、「発展させた結論」にすると全体の印象がはっきりします。

　ただし、「序論と結論で違うことを主張していた」「序論で述べたことと結論がずれていた」といったことにならないように気をつけてください。

　結論では、「〜だと思う」「〜と感じる」「〜かもしれない」「〜だろう」というようなまとめ方ではなく、「〜と考える」「〜するべきだ」「〜しなければならない」「〜が重要だ」「〜が必要だ」など明確に主張する文末表現を用いて文章を締めくくりましょう。

解答例

　理不尽な校則や制服の強制については、近年、新聞などで取り上げられ、社会的批判も高まっている。私は制服のメリットも認めるので、服装における多様性の尊重を重く見るので、強制には反対だ。ただし、この議論は学校生活上の服装をめぐる価値観の違いであり、どちらかが正しいということではない。これからは、強いられた制服ではなく、スラックスかスカートかなどを含め、デザインを選択できる、ゆるやかな標準服という形になるのが望ましいのではないかと考えている。

point

「結論」では、全体の内容をまとめ、さらに「今後のあり方」を示すとよい。

メモで発想を広げよう

　設問（テーマ）に対して、思いつくことは何でも、できるだけたくさん、メモのように書き出します。メモは、小論文の発想を広げるヒントになります。

設問例

「学校の制服についてどのように思うか。あなたの意見を書きなさい。」

もし学校の制服がなかったら、どうなるだろうか？

衣服代がかかる

学校の雰囲気がゆるくなる

個性を出せる

学校に着ていく服を毎日用意しないといけない

ほかのものと比較してみよう

飲食店の制服

スーツは制服？

仕事の制服

スポーツのユニフォーム

アイドルの衣装が制服風なこともある

学校の制服のよい点(メリット)とマイナス面(デメリット)を挙げてみよう

個性が出せない。選択の自由がない

みんな平等

学生らしく見える

公の場にはふさわしい

学校の統一感

きゅうくつ（気持ちも）

どこの学校か一目でわかる

学校の制服について、最近見聞きしたニュースはあるだろうか

スカートかスラックスか選べる学校が増えている

海外の学校でも制服が人気らしい

制服はなく、私服で通う学校もある

生徒自ら制服を変えた例もある

第 3 章

テーマ型
小論文

テーマ型小論文って どんなもの？

　テーマ型小論文は、課題となるテーマに対して小論文の設問が与えられる形式の小論文です。「○○について、あなたが考えたことを述べなさい。」「○○について賛成か、反対か述べなさい。」「○○について、具体例を挙げて論じなさい。」などのように出題されます。

　テーマ型小論文では、テーマを正しく読み取ったうえで、自分の意見を論じます。設問の要求をふまえ、根拠に基づいた明確な意見を示すことが求められます。

テーマ型はよく
出題されるよ

テーマ型小論文のSTEP

STEP 1 テーマを理解しよう

　テーマを正確に理解します。設問については、「～について賛成か、反対か」「どのように解決するか、あなたの考えを～」など、問われていることを丁寧に分析し、答えなければならないことを着実に押さえましょう。いくらテーマの内容が理解できても、設問に対して正しく答えることができていなければ、よい小論文とはいえません。

> テーマ型小論文の設問形式
> ❶ 賛成か反対か立場を示して論じる形式
> ❷ よい点（メリット）、悪い点（デメリット）を示して論じる形式
> ❸ 問題をとらえ、原因や背景を分析し、解決策を論じる形式
> ❹ テーマが与えられ、その意義やそれに対する意見について論じる形式
> ❺ 自分の考えを自由に論じる形式

STEP 2 発想を広げよう

　テーマの中に考えのきっかけとなるものを見つけ、そこから自分の考えを練っていき

ます。

　発想を広げるためには、テーマの内容や設問に合わせ、次のように考えるとよいでしょう。

▶ **テーマの中で示された問題や状況が、社会に引き起こす具体的なデメリットについて考えてみる。**

▶ **テーマの中で示された問題や状況の原因、背景について考えてみる。**

▶ **テーマの中で示された問題の解決策や、意見のよい面（メリット）と悪い面（デメリット）について考えてみる。**

▶ **テーマの中で示された問題が、社会にもたらす今後の影響について考えてみる。**

　テーマの内容から大きく離れた意見や、設問で問われていることに答えていない内容を書いてしまわないよう注意しましょう。

発想を整理しよう

　自分の意見を明確にするために、いくつか考えたことのうち、どこを中心に論じるかという視点で考えを絞る必要があります。

　また、なぜそのような意見となるのか、意見の根拠や理由を具体的に述べることで、意見に説得力をもたせます。

　自分の周囲にある具体例や、社会的な出来事を適切に挙げて説明することで、意見に独自性を出すことができます。

プロットを作ろう

　序論・本論・結論という小論文の基本の構成に合わせて、考えたことを書き出していき、プロットを作ります。

> 序論　テーマや設問の内容について、自分の問題意識がどこにあるかを明らかにする。
> 本論　その論点について、原因や背景を分析し、自分の意見をその理由とともに示す。
> 結論　問題の解決に向けて、自分の意見をまとめる。

原稿用紙に書こう

　プロットをもとに、原稿用紙に書いていきます。
　段落の始まり、一文の長さ、句読点の位置などに注意しながら、丁寧に清書します。

自分の解答をチェックしよう

　誤字脱字、表現上のルールや原稿用紙の使い方など、間違いがないか見直し、あれば丁寧に訂正します。

現代社会の問題点を考える

問題

問 歴史を学ぶことの意義について、あなたの考えを600字以内で述べなさい。

introduction

歴史を学ぶ目的は、ただ単に知識を吸収して社会科の点数を上げるためではないよね。
過去の出来事や人物の生涯から、現代を生きる自分たちの行動のヒントや教訓を得ることができると思う。

歴史上の人物が何をした、っていう知識だけじゃない。
その人の考え方や行動なんかに、今の世の中でも生かせることがあるんじゃないかってことだよね。
自分の好きな歴史上の人物が、もし今生きていたらどんな行動を取るか、って想像すると、ワクワクする！

日本史だけじゃなくて、世界史も面白いと思うんだ。
世界史を通じて、日本とは全く異なる価値観の国の人の話から学べることが多そう。広く学べば学ぶほど、今の社会問題の解決の手がかりにもなるんだろうなーって。

あとは、歴史といえば学校で習うものって思いがちだけど、もっと身近にもあるよね。
たとえば近所の神社の石碑にも歴史が書いてあったし、毎年必ず参加している地元のお祭りにも歴史の由来があって面白かったよ。小学生のときは、おじいちゃん、おばあちゃんに聞き取りをしたこともある。そういう意味では、歴史を学ぶことは伝統や文化を受け継いでいくことにも関わってくる、とも思うな。

STEP 1 テーマを理解しよう

STEP 2 発想を広げよう

　まずは、テーマに沿って思いつくことをできるだけたくさん書くことが大事です。思いつかない場合は **introduction** も参考にしましょう。

✐ 歴史を学ぶことで役に立つことはどんなことか？

✐ 歴史以外の授業や生活で歴史を学んだり、歴史に触れたりした経験はないか？

✐ これまで歴史を学んだ中で、印象に残っていることは？

✐ その他（自由に書いてみよう）

🖉 歴史を学ぶことで役に立つことはどんなことか？

現代の人々の行動の指針になる。

出来事や人物の行動など

今の社会問題を解決するうえで参考になる。

伝統や文化を伝えることができる。

長く続いている行事やお祭りがある。

🖉 歴史以外の授業や生活で歴史を学んだり、歴史に触れたりした経験はないか？

地元で行われる「祭り」に参加した。

学校の先生、先輩や地域の人から「祭り」の由来や歴史を教えてもらった。

「祭り」を通じて地域の伝統や文化を受け継ぎ、歴史に参加するという自覚が生まれた。

🖉 これまで歴史を学んだ中で、印象に残っていることは？

坂本龍馬。開国で混乱した幕末の日本において、藩という組織の枠を飛び出し海外との経済活動や薩長同盟の仲介に成功、大政奉還への流れを作った。その行動力が特に印象的。

テレビドラマや、歴史漫画で見た龍馬の人物像も印象に残っている。

🖉 その他（自由に書いてみよう）

覚えることが多い…

暗記科目の代表

高校の授業で、「歴史総合」が必修になった。

歴史の流れの理解に重点が置かれているらしい。

STEP **3** 発想を整理しよう

　書き出した「歴史を学ぶことで役に立つこと」と「その具体的な例」を一つ目に、「歴史にまつわる印象的な経験」と「その経験をしてよかったこと」を二つ目に書きましょう。

一つ目 🖉 歴史を学ぶことで役に立つこと	🖉 その具体的な例（関連する歴史上の出来事や人物など調べてわかったこと）

🖉 そのことが、歴史を学ぶことの意義とどう関わるか？

二つ目 🖉 歴史にまつわる印象的な経験	🖉 その経験をしてよかったこと（その経験をどう生かせるか）

🖉 そのことが、歴史を学ぶことの意義とどう関わるか？

一つ目　歴史を学ぶことで役に立つこと

歴史上の出来事を現代の教訓として生かすことができる。

歴史上の人物から現代を生きる我々の行動の指針を得ることができる。

その具体的な例（関連する歴史上の出来事や人物など調べて分かったこと）

幕末における坂本龍馬の活動

・坂本龍馬は、開国による大混乱期に組織や身分を超えて様々な人と交流。多様な考えに触れ、新たな国家形成に向け視野の広い政治・経済活動を行った。
・倒幕によって日本を新たにまとめるというビジョンを持ち、海外との交易や対立していた薩摩藩と長州藩に協力を提案。薩長同盟を成立させたことが、大政奉還につながった。

そのことが、歴史を学ぶことの意義とどう関わるか？

龍馬の既成の枠に縛られない柔軟な思考と行動力は、変革期にある現代社会を生きる私たちの行動の指針として学ぶところが大きい。

二つ目　歴史にまつわる印象的な経験

地元で行われる「祭り」に参加したこと

世代の異なる多くの人と関わり、その交流を通じて、「祭り」には地域の歴史や、大切にしてきた伝統が生きているということを実感した。

その経験をしてよかったこと（その経験をどう生かせるか）

教科書で学ぶ歴史だけでなく、自分の暮らす地域にも祭りのような形で伝わってきた歴史があることを知った。伝統や文化を次の世代に伝えていくことの大切さを考える経験ができた。

自分自身も地域の歴史に関わる者の一人であり、地域の将来に責任があるという自覚が生まれた。

そのことが、歴史を学ぶことの意義とどう関わるか？

歴史を学ぶことを通じて、人々は、自分自身が地域や社会の将来に責任があるという自覚を持つことができるのではないか。

プロットを作ろう

序論 ✎ 自分の主張したいことをまとめて書こう。

文例

▶ 歴史を学ぶことの意義は、
『　　　』と考える。

本論 ❶ ✎ その具体的な例や、その経験をしてよかったことを
書こう。

文例

▶ この問題を考えるために、
『　　　』を取り上げたい。
『　　』は、『　　』した。

▶ 私は、『　　　』を経験し
た。この経験は、『　　』
であった。

本論 ❷ ✎ 本論①が、序論にどのように関わるのか、どのような
ことを示しているのかを書こう。

文例

▶ このことは『　　　』と
いうことに関わっている
のではないだろうか。

▶ このことは『　　　』と
いうことを示しているので
はないだろうか。

結論 ✎ まとめを書こう。

文例

▶ 私は、『　　　』ことが歴
史を学ぶ意義だと考える。

▶ 歴史を学ぶことには、
『　　　』という意義があ
ると考える。

✌ 主張1

序論 🖉 自分の主張したいことをまとめて書こう。

歴史を学ぶことの意義は、過去の出来事から教訓を得るだけでなく、歴史上の人物から、生きるうえでの行動の指針を得るところにもあると考える。

本論❶ 🖉 その具体的な例や、その経験をしてよかったことを書こう。

たとえば、坂本龍馬は開国による日本社会の混乱期に変化を恐れず、海外と交易を行い、また薩長同盟を成立させ大政奉還への流れを作った。組織や身分を超えて多くの人と交流し、広い視野を持って新しい国家のビジョンを掲げ、積極的に活動した。

本論❷ 🖉 本論①が、序論にどのように関わるのか、どのようなことを示しているのかを書こう。

龍馬の既成の枠に縛られない柔軟な思考と行動力は、急速な情報化の進展など社会の大きな変化の中で不安を感じている現代の私たちに、新たな行動の指針を示しているのではないか。龍馬の生き方から、狭い自分の世界に閉じこもるのではなく、将来の社会を少しでもよいものにすることを考え、積極的に行動しようと考えるようになった。

結論 🖉 まとめを書こう。

歴史を学ぶことで、魅力的な歴史上の人物と出会いがある。彼らの思考や行動から、現代を生きる自分の行動の指針を得ることができる。そこに歴史を学ぶ大きな意義があると考える。

✌ 主張2

序論 🖉 自分の主張したいことをまとめて書こう。

歴史を学ぶことの意義は、社会の伝統や文化に対する人々の理解を深め、それを次の世代に継承していくという自覚を育てるところにあると考える。

本論❶ 🖉 その具体的な例や、その経験をしてよかったことを書こう。

地域の秋祭りの神輿行列に参加するという経験をした。これまで交流のなかった、地域に昔から住んでいる人たちと世代を超えて関わることになった。

本論❷ 🖉 本論①が、序論にどのように関わるのか、どのようなことを示しているのかを書こう。

地域の人たちとの交流から、祭りの歴史や地域にある伝統文化についての話を聞いた。住んでいる地域に豊かな歴史があることを初めて知り、地域に愛着が生まれた。教科書に載っていない身近な歴史を知ることは、自分もまた、地域の歴史を生きているという自覚を生むのではないかと思った。

結論 🖉 まとめを書こう。

歴史を学ぶことは、過去を知るというだけでなく、過去からつながる伝統や文化といった価値を次の世代に伝えていくことにつながる。人々の間に過去と将来に対する責任の自覚を育てるという意義があると考える。

STEP 5 原稿用紙に書こう

✏️ STEP4で整理したプロットを使って、実際に小論文を書いてみましょう。

> 問 歴史を学ぶことの意義について、あなたの考えを600字以内で述べなさい。

✐ 表記・表現のチェック

☐ 誤字や脱字はないか。

☐ 表現・表記上のミスはないか。

☐ 原稿用紙の使い方は守れたか。

✐ 構成のチェック

☐ 「序論」「本論」「結論」で適切に段落を分けているか。

☐ 指定字数の9割以上書けているか。

惜しい例

　歴史を学ぶ意義は、過去の出来事を通じて、現在社会で起きている様々な問題について考える視点を得ることにある。たとえば、今、起きている国際紛争について考えるとき、過去の両国の間の歴史を知ることで、その問題の背景を理解することができる。

　私は歴史小説が好きで、特に外国を舞台にした歴史小説をよく読む。外国の文化を知ることができる魅力もあるが、スケールの大きな舞台で個性的な人々が活躍する話にわくわくする。日本人とは違う価値観や行動を知ることもできるので、思考の幅を広げることにもつながると思う。

　歴史小説はフィクションであり、正確な歴史とは違う。だが、史実をふまえて書かれた作品は多く、また、小説がきっかけとなり、史実を詳しく知ろうという気持ちにもなる。歴史を学ぶことで、時代や場所を超えて様々な思考や行動を知ることができる。そこに歴史を学ぶ大きな意義があると考える。

（378字）

惜しいポイント
歴史を学ぶことについて、具体例を挙げながら自分の意見を強引に展開している。

惜しいポイント
序論で述べた意見を発展させることなく、自分自身の歴史への個人的な関心に話が移ってしまっている。

惜しいポイント
自分自身の歴史小説への関心の話に引きずられ、序論と結びつかない結論になっている。

解答例1

○ポイント
具体的に歴史上の人物を挙げ、歴史的功績を説明している。

○ポイント
歴史を学ぶことについての一般的な見方に触れたうえで、自分の意見を展開している。

　歴史を学ぶ意義は、過去の出来事を教訓として現在に生かすことだといわれている。戦争や災害などの不幸な歴史は悲劇を繰り返さないための教訓として学ばれてきた。だが、私は歴史上の人物から現代を生きるうえでの行動の指針を得ることも歴史を学ぶ大きな意義だと考えている。

　たとえば坂本龍馬は開国による日本社会の混乱期に、変化を恐れず、亀山社中を設立し海外と交易を行い、また、対立していた薩摩藩と長州藩を仲介して薩長同盟を成立させ、大政奉還への流れを作った。組織や身分を超えて様々な人々と交流し、広い視野を持って新しい国家のビジョンを掲げ積極的に行動したのだ。

　このように既成の枠に縛られない龍馬の柔軟な思考と行動力は、情報化の急速な進展や地球規模の環境問題など、社会の変化や混乱に不安を感じている現代の私たちに新たな行動の指針を示しているのではないか。私は、龍馬の生き方から、社会を少しでもよいものにするために多様な価値観に触れ、視野を広げることの大切さを学んだ。そして将来は多くの人々と交流し、課題解決に向けて積極的に行動しようと考えるようになった。

　歴史を学ぶことで、魅力的な人物との時代を超えた出会いがある。そして、その思考や行動を深く知ることにより、現代に生きる自分の行動の指針を得ることができる。そこに歴史を学ぶ大きな意義があると考える。

(564字)

○ポイント
歴史上の人物が現代の自分自身に与える影響について述べている。

○ポイント
歴史を学ぶ意義についての自分の考えをまとめている。

○ポイント
印象に残る身近な経験を入れている。

○ポイント
歴史を学ぶ意義についての自分の考えを簡単に説明している。

　歴史を学ぶことの意義は、現代の人々が社会の伝統や文化に対する理解を深め、それを次の世代に継承していくという自覚を育てるところにあると考える。

　昨年、私は地域の秋祭りの神輿行列に参加するという経験をした。地域住民の高齢化が進み担い手不足が心配され、新たに若い世代の参加者を求めたのだという。友人に誘われて参加した私は、地域に昔から住んでいる高齢の人々と世代を超えて関わることになった。

　神輿を引いて地域を練り歩きながら、様々な人から祭りや地域の歴史、伝統文化についての話を聞いた。高齢の参加者の言葉からは地域への誇りと地域産業である漁業に対する愛着が感じられ、自分の暮らす地域に豊かな自然と歴史があることを改めて知った。教科書にはない身近な歴史を知ることは、自分もまた地域の歴史を生きているという自覚につながる大切なことではないかと強く思った。

　歴史を学ぶことは、過去を知るだけでなく、社会の伝統や文化といった価値を次の世代に伝えていくことにつながる。祭りを通じて地域の歴史を学び、私は自分もまたこの地域の一員であり、過去の人々が大切にしてきた伝統や文化、生活の基盤である自然環境といった価値を将来の世代に伝え、地域を持続させていく責任があると感じた。歴史を学ぶことには、受け継がれてきた価値を将来に伝えていくという社会に対する責任感を育てるという大きな意義があると考えている。

(581字)

○ポイント
経験から気づいたことについて述べている。

○ポイント
歴史を学ぶ意義についての考えを、自分自身の経験と結びつけて説明し、まとめている。

第 4 章

課題文型
小論文

課題文型小論文ってどんなもの？

　課題文型小論文は、課題となる文章に対して小論文の設問が与えられる形式の小論文です。「次の文章を読み、あなたが考えたことを述べなさい。」「次の課題文を読んで、〇〇について意見を論じなさい。」などのように出題されます。

　課題文に書かれている内容や筆者の主張、設問を正しく読み取ったうえで、自分の意見を論じます。正しく課題文の読み取りができているかどうかという点を測るため、課題文を要約してから自分の意見を論じるという形式の出題もあります。

　課題文型小論文では、課題文の正しい読み取りが重要なポイントであり、筆者の意見をふまえた解答が求められます。課題文の読み取りが難しいと感じるかもしれませんが、課題文の中に解答のヒントとなる言葉や文章があると考えるとよいでしょう。

読解力も
問われているよ！

課題文型小論文のSTEP

STEP 1 課題文を読み取ろう

　課題文のテーマや内容、筆者の主張を正確に理解します。設問については、問われていることを丁寧に分析し、答えなければならないことをはっきりさせましょう。いくら課題文の内容が理解できても、設問に対して正しく答えることができていなければ、よい小論文にはなりません。

　課題文の要約を求められたときは、ただ、キーワードやキーセンテンスを抜き出してつなぐのではなく、課題文全体をよく読み、要約として意味が通るようにバランスよくまとめる必要があります。要約の手順を学んでおきましょう。

STEP 2 発想を広げよう

　課題文から読み取ったことに対して、自分の意見を考えます。発想を広げるために課題文の内容や設問に合わせ、次のように考えるとよいでしょう。

- 課題文の中で示されている問題や状況が、社会に引き起こす具体的なデメリットについて考えてみる。
- 課題文の中で示されている問題や状況の原因、背景について考えてみる。
- 筆者が示した問題の解決策や、意見のよい面（メリット）と悪い面（デメリット）について考えてみる。
- 課題文の中で示された問題が、社会にもたらす今後の影響について考えてみる。

課題文の内容から大きく離れた意見や、課題文の内容をそのままなぞった内容を書いてしまわないよう注意しましょう。

STEP 3 発想を整理しよう

考えたことの中から、どこを中心に論じるかという観点で考えを絞ります。また、なぜ自分がそのような意見を述べるのか、意見の根拠や理由を具体的に述べることで、意見に説得力をもたせます。

自分の意見が課題文の筆者の意見と同じ内容になるときは、自分なりの具体例を挙げ、違う角度から理由を説明するとよいでしょう。自分の周囲にある具体例や社会的な出来事に当てはめて説明することで、意見に独自性を出すことができます。

STEP 4 プロットを作ろう

序論・本論・結論という小論文の基本の構成に合わせて、考えたことを書き出していき、プロットを作ります。

序論　設問をふまえ、課題文で示された社会問題や筆者の意見を確認する。
本論　それらの原因や背景を分析し、自分の意見をその理由とともに示す。
結論　問題の解決に向けて、自分の意見をまとめる。

STEP 5 原稿用紙に書こう

プロットをもとに、原稿用紙に書いていきます。

段落の始まり、一文の長さ、句読点の位置などに注意しながら、丁寧に清書します。

STEP 6 自分の解答をチェックしよう

誤字脱字、表現上のルールや原稿用紙の使い方など、間違いがないか見直し、あれば丁寧に訂正します。

要約の手順をマスターしよう

　課題文の最も重要な部分をとらえ、的確にまとめるのが要約です。ここでは要約する手順をマスターしましょう。

🔓 キーワードとそれについての筆者の意見をとらえる

　キーワード・キーセンテンス（文章の主題や繰り返し使われている重要な言葉）を
［　　　］で囲み、筆者の意見の部分に傍線を引きましょう。筆者が意見を述べる際は、「〜は大切だ」「〜が重要だ」「〜するべきだ」などという表現が、よく使われます。

課題文

　経済格差の拡大が問題視されているが、その問題点は拡大した格差が固定化することにある。親の経済格差が子の教育の機会の不平等につながり、格差が連鎖、固定化していくのだ。資本主義経済においては、ある程度の経済格差は避けられない。しかし格差の固定化は社会の分断につながる。社会を不安定にしないためにも、格差の固定化を防ぐべきではないか。

　経済格差の拡大が問題視されているが、その問題点は拡大した格差が固定化することにある。親の経済格差が子の教育の機会の不平等につながり、格差が連鎖、固定化していくのだ。資本主義経済においては、ある程度の経済格差は避けられない。しかし格差の固定化は社会の分断につながる。社会を不安定にしないためにも、格差の固定化を防ぐべきではないか。

要約例

経	済	格	差	の	固	定	化	は	社	会	の	分	断	に	つ	な	が	る	の
で	、	防	ぐ	べ	き	だ	。												

🔓 具体例を省く

　事実に基づく事例（具体例）の部分は制限字数にまとめなければならない要約に入れません。〈　　　〉でくくり、筆者の意見の部分に傍線を引くことで、まとめやすくします。

課題文

　災害被災地でのボランティアに参加する若者が増えている。他者のために役立ちたいという精神は素晴らしいが、準備不足で被災者支援のための物資を分けてもらうといった困った例もあるという。ボランティアに参加する際には，現地はどのような状況かというような具体的な情報収集と、自分の分の飲料水や食料、着替えなどの事前準備は必要不可欠だ。

災害被災地でのボランティアに参加する若者が増えている。他者のために役立ちたいという精神は素晴らしいが、〈準備不足で被災者支援のための物資を分けてもらうといった〉困った例もあるという。ボランティアに参加する際には、〈現地はどのような状況かというような〉具体的な情報収集と、〈自分の分の飲料水や食料、着替えなど〉の事前準備は必要不可欠だ。

要約例

					5					10					15					20
災	害	被	災	地	で	の	ボ	ラ	ン	ティ	ア	に	参	加	す	る	際	に
は	、	情	報	収	集	と	事	前	準	備	が	必	要	だ	。				

🔓 接続詞（接続語）に注目する

接続詞（接続語）に注目すると筆者の最も伝えたいことが述べられている部分を見つけやすくなります。接続詞（接続語）を □ で囲み、筆者の意見の部分に傍線を引きましょう。

課題文

社会で生きていくには仕事に就く必要がある。確かに、仕事をして収入を得なければ生活が成り立たない。収入を得ることは仕事をするうえでの大きな動機である。しかし、収入だけが目的では、仕事は長続きしないのではないか。実際、あるアンケートでは、若手社員の離職理由の上位に「仕事のやりがい・達成感が感じられない」ことが挙げられていた。仕事を続ける動機には、収入だけでなく、やりがいや達成感といったこともあるのだ。つまり、社員の離職を防ぐには、給与だけでなく仕事のやりがいにも目を向けた対策が必要だといえる。

社会で生きていくには仕事に就く必要がある。確かに、仕事をして収入を得なければ生活が成り立たない。収入を得ることは仕事をするうえでの大きな動機である。しかし、収入だけが目的では、仕事は長続きしないのではないか。実際、あるアンケートでは、若手社員の離職理由の上位に「仕事のやりがい・達成感が感じられない」ことが挙げられていた。仕事を続ける動機には、収入だけでなく、やりがいや達成感といったこともあるのだ。つまり、社員の離職を防ぐには、給与だけでなく仕事のやりがいにも目を向けた対策が必要だといえる。

要約例

					5					10					15					20
社	員	の	離	職	を	防	ぐ	に	は	、	仕	事	の	や	り	が	い	に	も
目	を	向	け	た	対	策	が	必	要	だ	。								

🔓 段落ごとに要旨をまとめる

　課題文が長い文章の場合は、段落ごとに重要な部分を見つけてつないでいくと要約ができます。段落ごとの重要な部分に傍線を引きましょう。

課題文

1 SNSとはインターネットを通じて、コミュニケーションの場を提供するサービスである。

2 SNSは情報を得る場合に便利なだけでなく、情報の発信が容易にできる点もメリットである。たとえば、大災害時において家族や友人の安否確認や連絡を取ることに非常に役立ったという。また、避難所の物資支援に関する情報が瞬時に広がり、必要な品がすぐに届けられたこともあった。

3 一方で、SNSでは真偽不明の情報が拡散しやすく、それが混乱を招く危険性もある。容易に情報発信ができるため、信頼できる情報かどうかを確認しないまま伝達し、その結果、デマや偽情報が拡散してしまうのだ。誹謗中傷を社会に広めるという悪意のある使われ方も問題になっている。

4 SNSは便利なコミュニケーション手段だが、利用の仕方によってはトラブルのもとになりかねない。したがって、SNSで得た情報は伝達する前に真偽やその発信者の意図を確かめることが重要だ。

課題文

1 SNSとはインターネットを通じて、コミュニケーションの場を提供するサービスである。

2 SNSは情報を得る場合に便利なだけでなく、情報の発信が容易にできる点もメリットである。たとえば、大災害時において家族や友人の安否確認や連絡を取ることに非常に役立ったという。また、避難所の物資支援に関する情報が瞬時に広がり、必要な品がすぐに届けられたこともあった。

3 一方で、SNSでは真偽不明の情報が拡散しやすく、それが混乱を招く危険性もある。容易に情報発信ができるため、信頼できる情報かどうかを確認しないまま伝達し、その結果、デマや偽情報が拡散してしまうのだ。誹謗中傷を社会に広めるという悪意のある使われ方も問題になっている。

4 SNSは便利なコミュニケーション手段だが、利用の仕方によってはトラブルのもとになりかねない。したがって、SNSで得た情報は伝達する前に真偽やその発信者の意図を確かめることが重要だ。

要約例

S	N	S	と	は	イ	ン	タ	ー	ネ	ッ	ト	を	通	じ	て	、	コ	ミ	ュ
ニ	ケ	ー	シ	ョ	ン	の	場	を	提	供	す	る	サ	ー	ビ	ス	で	あ	り
、	情	報	収	集	・	発	信	が	容	易	と	い	う	メ	リ	ッ	ト	が	あ
る	。	し	か	し	、	真	偽	不	明	の	情	報	が	拡	散	し	や	す	く
混	乱	を	招	く	危	険	性	が	あ	る	。	ま	た	誹	謗	中	傷	を	広
め	る	と	い	う	悪	意	の	あ	る	使	わ	れ	方	の	問	題	も	あ	る
。	S	N	S	で	得	た	情	報	は	伝	達	す	る	前	に	真	偽	や	発
信	者	の	意	図	を	確	か	め	る	こ	と	が	重	要	だ	。			

column

課題文型小論文 頻出テーマ

　課題文型小論文は、大学が出題する課題文を読んで、自分の意見を述べるものです。それでは、どんな課題文が出題されるのでしょうか？
　特に頻出のテーマを紹介します。

　課題文型小論文で多いのは、日本のなんらかの社会問題について説明した文章を読み、自分の意見を述べるものです。

　頻出の社会問題は、**少子高齢化**です。少子高齢化は、日本のあらゆる社会問題に関わっているからです。（のちほど、資料型小論文頻出テーマのコラムでも、扱います。）
　たとえば出生率をあげるための施策や、高齢化に伴う医療費の増大に対応するための施策、労働力人口が減ることへの対策などがよく出題されます。

　また、昨今では**持続可能な社会**をつくるための方策についても出題されることが増えてきました。
　いわゆる SDGs のいずれかの項目を実現するために、志望する学問分野がどのような貢献ができるか、問われることもあります。

　課題文型小論文が書けるようになるためには、もちろん書く練習がとても重要ですが、**出題される内容についての知識**をつけておく必要もあります。
　全く知識がない分野については、意見も出にくいものです。
　知識があれば、課題文に加えてその知識も参考にして、自分の意見を考えることができます。
　上で扱ったような、日本の幅広い分野に関連する社会問題や、もしくは自分が受験する学部に関連する社会問題については、本を読んだりインターネットで調べたりして、知識をつけておきましょう。

問題提起をとらえ、現状や原因、対策を述べる

問題

問 本文の内容をふまえた上で、あなたの意見を600字以内で述べなさい。（敬和学園大学）

課題文

1 あまりにも痛ましい出来事だ。

2 共同生活を送る男女の日常や恋愛模様を見せるリアリティー番組「テラスハウス」に出演していたプロレスラーの木村花さんが急死した。

3 番組内での他の出演者とのやりとりについて、ネット交流サイト（SNS）上で「早く消えて」などと誹謗中傷する匿名の投稿が集中した。自殺をうかがわせる遺書が自宅で見つかったという。

4 番組はフジテレビで放送され、動画配信サービス「ネットフリックス」で世界各国に配信されていた。フジテレビは番組の制作と放送の打ち切りを決めた。

5 リアリティー番組は、予測できない展開が視聴者を引きつけ、世界でも人気のコンテンツだ。「テラスハウス」も台本がないと宣伝していた。

6 しかし、実名で生身の自分をさらけ出すことになる。番組内で注目が集まれば、SNSなどで個人攻撃の的になる危険性もあった。

7 木村さんはSNSで悩みを訴えていた。匿名での心ない言葉に、全人格が否定された思いがしたのではないか。

8 英米でもリアリティー番組出演者の自殺が問題になっている。

9 フジテレビは、スタッフが出演者と連絡を取り合っていたと説明する。だが、精神面での支えや、ネット上の嫌がらせから守る仕組みは十分だったのか。検証し、視聴者に説明する責任がある。

10 ネット上のいじめや誹謗中傷の問題は深刻化している。総務省に昨年度寄せられた相談は、5,198件に上った。2010年度の約4倍だ。

11 悪意ある投稿を抑止するため、高市早苗総務相は情報発信者を特定しやすくする制度改正に取り組む意向を示した。ソーシャルメディアの事業者団体も、嫌がらせをする人は利用停止にするなど、対応の強化に乗り出す。

12 人権を侵害するような行き過ぎた投稿は規制が必要だ。一方で、「表現の自由」や「通信の秘密」は保障されなければならない。この機に実効性ある対策について、議論を深めるべきだ。

13 他人を傷つけるような行為は、実社会ではもちろん、ネット空間でも許されない。投稿する前に手を止めて考えてほしい。

出典：社説「『テラハ』出演者の急死　守る仕組みが不十分では」毎日新聞2020年5月29日

^{STEP}（1） 課題文を読み取ろう

　まずは、左ページの課題文を読み取りましょう。そして、筆者の意見を読み取るために、以下のワークをして要約文を書いてみましょう。

---

❶ キーワード（繰り返し出てくる言葉）を 左の文中に ☐ で囲もう。
❷ 事実に基づく事例（具体例）の部分を左の文中に〈　　〉でくくろう。
❸ キーワードに関する説明や、筆者の意見の部分について、左の文中に **傍線** を引こう。
❹ ❶～❸をふまえて、意味段落ごとに、要約しよう。

✐ **1**-**4** 段落を要約しよう。

> 　

✐ **5**-**8** 段落を要約しよう。

> 　

✐ **9**-**13** 段落を要約しよう。

> 　

✐ 筆者が言いたい一文を書き抜こう。

> 　

✐ 筆者が問題視していることを書こう。

> 　筆者は、
>
>
>
> 　　　　　　　　　　　　　　　　　　　　　　　　　を問題視している。

1　あまりにも痛ましい出来事だ。

2　共同生活を送る男女の日常や恋愛模様を見せるリアリティー番組「テラスハウス」に出演していたプロレスラーの木村花さんが急死した。

3　番組内での他の出演者とのやりとりについて、ネット交流サイト（ＳＮＳ）上で「早く消えて」などと誹謗中傷する匿名の投稿が集中した。自殺をうかがわせる遺書が自宅で見つかったという。

4　番組はフジテレビで放送され、動画配信サービス「ネットフリックス」で世界各国に配信されていた。フジテレビは番組の制作と放送の打ち切りを決めた。

5　リアリティー番組は、予測できない展開が視聴者を引きつけ、世界でも人気のコンテンツだ。「テラスハウス」も台本がないと宣伝していた。

6　しかし、実名で生身の自分をさらけ出すことになる。番組内で注目が集まれば、ＳＮＳなどで個人攻撃の的になる危険性もあった。

7　木村さんはＳＮＳで悩みを訴えていた。匿名での心ない言葉に、全人格が否定された思いがしたのではないか。

8　英米でもリアリティー番組出演者の自殺が問題になっている。

9　フジテレビは、スタッフが出演者と連絡を取り合っていたと説明する。だが、精神面での支えや、ネット上の嫌がらせから守る仕組みは十分だったのか。検証し、視聴者に説明する責任がある。

10　ネット上のいじめや誹謗中傷の問題は深刻化している。総務省に昨年度寄せられた相談は、5,198件に上った。2010年度の約4倍だ。

11　悪意ある投稿を抑止するため、高市早苗総務相は情報発信者を特定しやすくする制度改正に取り組む意向を示した。ソーシャルメディアの事業者団体も、嫌がらせをする人は利用停止にするなど、対応の強化に乗り出す。

12　人権を侵害するような行き過ぎた投稿は規制が必要だ。一方で、「表現の自由」や「通信の秘密」は保障されなければならない。この機に実効性ある対策について、議論を深めるべきだ。

13　他人を傷つけるような行為は、実社会ではもちろん、ネット空間でも許されない。投稿する前に手を止めて考えてほしい。

出典：社説「『テラハ』出演者の急死　守る仕組みが不十分では」毎日新聞2020年5月29日

✎ **1-4段落を要約しよう。**

> リアリティー番組の出演者に、SNS上で誹謗中傷する投稿が集中し、出演者が自殺するという事件が起きた。

✎ **5-8段落を要約しよう。**

> リアリティー番組は人気があるが、実名の出演者がSNSなどで個人攻撃の的になる危険性もあり、出演者はその悩みを訴えていた。英米でもこうした例が問題になっている。

✎ **9-13段落を要約しよう。**

> ネット上のいじめや誹謗中傷の問題は深刻化している。国や事業団体はこうした問題への対策に取り組み始めている。行き過ぎた投稿へ実効性のある対策を議論するべきだ。

✎ **筆者が言いたい一文を書き抜こう。**

> 他人を傷つける行為は、実社会ではもちろん、ネット空間でも許されない。

✎ **筆者が問題視していることを書こう。**

> 筆者は、
> ネット上のいじめや誹謗中傷が深刻化していること
> を問題視している。

「テラスハウス」の木村花さんの事件は私も知っている。
この事件が問題になったとき、
学校でもＳＮＳなどで安易に発言しないようにすること、
人を傷つける誹謗中傷などの書き込みや、人が嫌がる動画や画像や、
違法なものは絶対にアップしないことなどの注意があったよ。

高校生にとっても関係ない話ではないよね。
軽い気持ちで書き込んだ悪口が拡散して、
それがいじめや不登校につながったという話も聞くし……。
ネット上のトラブルは、どんどん増えていると感じるな。

悪意ある書き込みを見た人が同じ気持ちになって、
さらに拡散させて悪口が広まって……
一度広まった悪口は、もう止めることができない、
なんとかならなかったのかな。
書き込む人は、投稿する前に一度手を止めて考えてほしかった。

行き過ぎた投稿については、見つけたらすぐＳＮＳの事業者が削除するか、
アカウントを停止するなどして、
少しでも早く悪口の拡散を止めることが必要だと思うよ。
法律を厳しくて、ネットでこうしたトラブルを起こした人に
何らかの制限をかけるとか……。

これだけＳＮＳが使われる時代なのだから、
ＳＮＳの利用者に利用の注意事項を
わかりやすく伝える取り組みが必要だと思うよ。
それにネット上のトラブルを気軽に相談できる窓口や、
支援してくれる団体がもっとたくさんあってもいいよね。

② 発想を広げよう

STEP1で読み取った本文の内容と、**introduction** を参考にして、あなたの意見を書いてみましょう。まずは、思いつくことや、疑問に思ったことをできるだけたくさん書くことが大事です。課題文の中にあった内容を書いてもかまいません。

✐ どうしてこのような事件が起こるのか
　（インターネットの特徴から考えよう）

✐ インターネット上の嫌がらせなど、
　自分の経験や見聞きしたことは？

✐ こうした事件が起こらないために何をしたら
　よいか（国、企業、個人の視点から考えよう）

✐ その他（自由に書いてみよう）

いろいろな人の立場に
立って考えてみよう

✐ どうしてこのような事件が起こるのか
　（インターネットの特徴から考えよう）

軽い気持ちで、誰でもどんどん発信できる。
（匿名で発信できる）

　　　　　　　　↓

　　悪口や誹謗中傷なども書き込める。

　　　　　　　　↓

　　興味本位で他人がそれを拡散させる。

　　　　　　　　↓

　　一度拡散したら止められない。

書いた人は悪口と思っていないのでは？

面白がっている人がいるのが許せない。

✐ インターネット上の嫌がらせなど、
　自分の経験や見聞きしたことは？

グループLINEから外された。

突然、特定の人から既読がつかなくなった。

勘違いしていた内容の書き込みが一気に広
がり、迷惑をかけたことがある。

悪ふざけ動画で嫌な気分になった。

✐ こうした事件が起こらないために何をしたら
　よいか（国、企業、個人の視点から考えよう）

SNS事業者が投稿を削除する（企業）。

悪質な投稿者の利用を停止する（企業）。

被害者を守る仕組みを作る（国）。

投稿する前に一度手を止める（個人）。

AIが悪口かどうか判断する機能をSNSに
入れることはできないか？

✐ その他（自由に書いてみよう）

「SNS上での誹謗中傷が減らない原因は？」
に対して、63.3％の人が「SNSの匿名性」
と答えている。

　　　　　　　　↓

匿名表現の社会的メリットとは？

「表現の自由」との兼ね合いは……

『18歳意識調査「第28回 -SNS-」／要約版日本財団2020年7月30日』

STEP 3 発想を整理しよう

　左のページで思いついた内容をまとめ、整理しましょう。論点を整理し、自分が重要だと思う論点に絞って、考えを深めていきましょう。

✐ **筆者が問題視していること**

筆者は、

　　　　　　　　　　　　　　　　　　　　　　　　　　　　　を問題視している。

✐ 問題の背景・原因

✐ 問題を解決するにはどのような方法があるか

✐ インターネット上のいじめや誹謗中傷について、思いつく他の事件や具体例

✐ その方法が問題を解決できるのはなぜか

筆者が問題視していること

筆者は、
インターネット上のいじめや誹謗中傷が深刻化していること
を問題視している。

問題の背景・原因

人気リアリティー番組の出演者の自殺のように、SNSなどインターネット上では、激しい誹謗中傷の個人攻撃が起き、個人が追い込まれることがある。

誹謗中傷を受けた出演者の例では、精神面の支えや、被害者を守る仕組みが十分とはいえなかった。

問題を解決するにはどのような方法があるか

人権を侵害するような行き過ぎた投稿については規制を強化する。悪意ある投稿については、発信者に対して事業者から警告をする制度を作る。

被害者を守る仕組みを国が用意する。被害を訴えられる公的な窓口や団体を身近な存在にする。

SNS利用者に対し、情報リテラシーを高めるための啓発プログラムを用意する。

インターネット上のいじめや誹謗中傷について、思いつく他の事件や具体例

年齢にかかわらず、誰にでも起きることだといえる。嫌がらせや悪ふざけの動画投稿も問題になっている。

その方法が問題を解決できるのはなぜか

警告することで、個人を攻撃する投稿を思いとどまらせ、拡散を防ぐことができる。自分の投稿内容が個人攻撃だと自覚していない投稿者にとっても効果がある。

被害について相談し、対応策をアドバイスしてくれる公的機関があれば、被害者が社会的に追い込まれることを防ぐことができる。

STEP 4　プロットを作ろう

| 序論 | ✎ 筆者の意見や、筆者が問題視していることを書こう。 |

文例
- ▶ 筆者は『　　』を問題視している。
- ▶ 筆者は次のように述べている。『　　』ということである。

| 本論 ❶ | ✎ 自分の意見を示し、その理由や根拠を具体的に書こう。 |

文例
- ▶ 私は『　　』と考える。
- ▶ なぜならば、『　　』だからだ。

| 本論 ❷ | ✎ 問題の原因や背景を示し、その対策や解決策を書こう。 |

文例
- ▶ この問題は『　　』が原因だ。
- ▶ この問題の背景には、『　　』がある。
- ▶『　　』によって、その問題は解決できる。
- ▶『　　』することが必要である。

| 結論 | ✎ 今後のあり方について書いて、まとめよう。 |

文例
- ▶ 今後は、『　　』をしていくことが大切である。
- ▶ ただし、『　　』などに注意していく必要がある。

序論　✎筆者の意見や、筆者が問題視していることを書こう。

筆者は、インターネット上のいじめや誹謗中傷が深刻化していることを問題視している。

本論❷　✎問題の原因や背景を示し、その対策や解決策を書こう。

また、SNS上の誹謗中傷が減らない背景には、匿名性があると考えられる。悪質な発信者についての情報開示請求を定めた法改正の取り組みをSNS上で伝え、誹謗中傷の抑止につなげることも必要ではないか。

本論❶　✎自分の意見を示し、その理由や根拠を具体的に書こう。

誹謗中傷の発信者に対しては、事業者から警告を発し、悪質なケースでは、その利用を停止させる規制の強化を考えるべきだ。なぜなら、不特定多数の人に向けて簡単に情報発信できるSNSは、その機能によって社会に迷惑をかけないというルールの理解があってこそ使えるものだと考えるからだ。

結論　✎今後のあり方について書いて、まとめよう。

SNSをはじめインターネット上での発信は、不特定多数の人を対象にできる。それだけに慎重にならなければならない。今後は、そうした情報発信が慎重に行われるような技術的な仕組みや、被害に悩んだ人が相談できる窓口を作るようにすべきだと考える。

原稿用紙に書こう

STEP4のページで整理したプロットを使って、実際に小論文を書いてみましょう。

> **問題** 本文の内容をふまえた上で、あなたの意見を600字以内で述べなさい。（敬和学園大学）

1 文章の書き方の基礎

2 小論文の書き方の基礎

3 テーマ型小論文

4 課題文型小論文

5 資料型小論文

63

STEP 6 自分の解答をチェックしよう

✐ 表記・表現のチェック
- ☐ 誤字や脱字はないか。
- ☐ 表現・表記上のミスはないか。
- ☐ 原稿用紙の使い方は守れたか。

✐ 構成のチェック
- ☐ 「筆者の意見」をふまえているか。
- ☐ 「序論」「本論」「結論」で適切に段落を分けているか。
- ☐ 指定字数の9割以上書けているか。

惜しい例

　SNSは自分の意見や画像、動画を発信することや、他の人とのつながりや交流を広げることができる一方、安易な個人情報の公開により、本来知られたくない情報まで不特定多数の人に知られてしまうという危険性がある。悪ふざけや誹謗中傷による事件も後を絶たない。また、自分のサイトの閲覧数を上げるためや、思い込みや個人的な感情に偏ったフェイクニュースの拡散も問題である。

　私自身、家族や友人とのやり取りはLINEがメインであり、TwitterやInstagramでの情報交換など、SNSは生活になくてはならないものになっている。SNSの利用は、誰かに教わったのではなく、実際に自分で使いながら覚えていった。多くの人も私と同じだろう。実際に使っているうちに、いつの間にかトラブルに巻き込まれているのだと思う。

　SNSでの誹謗中傷やトラブルを防ぐためには、SNSを利用する前に、SNSの仕組みやよりよい利用方法、危険性についてきちんと教育がされるべきだと考える。

(411字)

惜しいポイント
SNSの危険性の内容はよいのだが、筆者の意見をふまえられていない。

惜しいポイント
「教育がされるべきだ」の内容はよいのだが、筆者の意見をふまえたうえで述べたい。

○ポイント
筆者の意見のポイントを押さえている。

○ポイント
自分の意見を明確にしている。

○ポイント
意見の理由を述べている。

　筆者はリアリティー番組の出来事を挙げ、インターネット上のいじめや誹謗中傷が深刻化していることを問題視している。こうした事件を繰り返さないためには、SNS上の誹謗中傷について真剣に考える必要がある。

　私は、まず、誹謗中傷の発信者に対しては、SNSの事業者から早い段階で警告を発し、悪質なケースでは利用停止のような規制の強化も検討すべきだと考える。なぜなら、個人が不特定多数に情報発信できるSNSの機能には便利さと危険性がある。人に迷惑をかけないことが使用の前提であり、それが理解できない人は使うべきではないと考えるからだ。

　また、SNSで誹謗中傷が広まる背景には、匿名性があると考えられる。不正の内部告発のように匿名性にも社会的メリットが認められるケースはあるが、誹謗中傷の被害者保護を後回しにすべきではない。悪質な発信者についての情報開示請求を定める法改正があったが、こうした取り組みを広く伝え、誹謗中傷の抑止につなげることも必要だ。

　SNSをはじめインターネット上の発信は、不特定多数の人を対象にできる。それだけに慎重でなければならない。誹謗中傷だけでなく、SNSでは嫌がらせや悪ふざけの動画の拡散が問題になっている。今後は、利用者が安易な発信を慎むのはもちろん、SNS投稿のガイドラインの厳重化や、SNSによる誹謗中傷で悩んだ人向けの相談窓口を拡充するなど、対策が必要だと考える。

(585字)

○ポイント
問題の背景に触れている。

○ポイント
この問題についての今後のあり方を述べてまとめている。

要約をマスターしよう

問題

> **問1** 本文を300字以内で要約しなさい。
> **問2** プラットフォームビジネスにはどのような利点があるのか、視点を顧客・プレイヤー（運営者）・参加者の三つの中から一つ定めたうえで、あなたの考えを500字以内で述べなさい。（二松学舎大学）

課題文

① プラットフォームビジネスとは、他の事業者にビジネスを行うシステム（プラットフォーム）を提供し、その場における取引量が増えると、その場を提供する事業者に利益が落ちるように設計されているビジネス、ということになる。

② 具体的には、古くはNTTドコモのiモード、最近では、アップル、グーグルなどが提供するアプリやサービスもこのビジネス形態に入るし、フェイスブックやLINEのようなソーシャルネットワーキングサービス（SNS）も、DeNAやグリーが運営するゲームサイトもプラットフォームビジネスと言えるだろう。

③ プラットフォームビジネスの関係者には「顧客」「プラットフォームのプレイヤー（運営者）」「プラットフォームの参加者」がいる。

④ スマホゲームを例にとれば、一般ユーザーは「顧客」で、DeNAやグリーは「プレイヤー」、様々なアプリ開発者は「参加者」ということになる。LINEなら、一般ユーザーが「顧客」、NAVERが「プレイヤー」で、スタンプやゲームの開発者が「参加者」だ。AKB48ならば、ファンは「顧客」、秋元康氏らは「プレイヤー」、メンバーの所属事務所やレコード会社などは「参加者」である。

⑤ 運営側のプレイヤーの事業は、おおむね次の三つの要素に分けることができる。「集客」「ビジネスモデルの提供」「プラットフォームの管理」である。

⑥ 「集客」とは、より多くの顧客（多くの場合は一般消費者）を集められるよう、まず、そのプラットフォームに明確なブランド価値をつけ、コンテンツを提供する参加者のビジネスにプラスになるようにすることだ。人気のプラットフォームには多くの客が集まるから、コンテンツ開発者からもより優れたものが提供されるようになる。

⑦ 「ビジネスモデルの提供」とは、集めた顧客を利用して、参加者がビジネスを行うための様々なインフラをプレイヤーが提供することである。それは、プロモーション手段であったり、課金手段であったり、マーケティング情報の提供だったりする。たとえばゲーム開発者はゲームを作成することしかスキルがなくても、プレイヤーが参加するビジネスモデルに乗っかれば、多くの顧客に自分が作ったゲームを提供することができる。

⑧ 「プラットフォームの管理」とは、プレイヤーが顧客の管理やプラットフォーム上で提供される品質を管理することで、プラットフォームの価値を維持する行為である。

（瀧本哲史『戦略がすべて』より　新潮新書）

　まずは、左ページの課題文を読み取りましょう。そして、筆者の意見を読み取るために、以下のワークをして要約文を書いてみましょう。

❶ キーワード（繰り返し出てくることば）を 左の文中に □ で囲もう。
❷ 事実に基づく事例（具体例）の部分を左の文中に〈　　〉でくくろう。
❸ キーワードに関する説明や、筆者の意見の部分について、左の文中に 傍線 を引こう。
❹ ❶〜❸をふまえて、要約を書いてみよう。（300字以内）

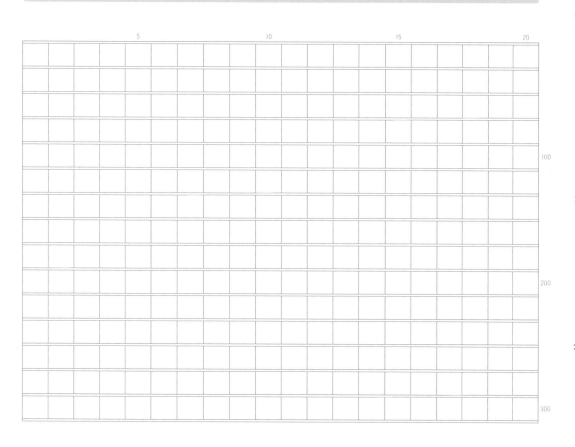

課題文

1 プラットフォームビジネスとは、他の事業者にビジネスを行うシステム（プラットフォーム）を提供し、その場における取引量が増えると、その場を提供する事業者に利益が落ちるように設計されているビジネス、ということになる。

2 具体的には、古くはＮＴＴドコモのｉモード、最近では、アップル、グーグルなどが提供するアプリやサービスもこのビジネス形態に入るし、フェイスブックやＬＩＮＥのようなソーシャルネットワーキングサービス（ＳＮＳ）も、ＤｅＮＡやグリーが運営するゲームサイトもプラットフォームビジネスと言えるだろう。

3 プラットフォームビジネスの関係者には「顧客」「プラットフォームのプレイヤー（運営者）」「プラットフォームの参加者」がいる。

4 スマホゲームを例にとれば、一般ユーザーは「顧客」で、ＤｅＮＡやグリーは「プレイヤー」、様々なアプリ開発者は「参加者」ということになる。ＬＩＮＥなら、一般ユーザーが「顧客」、ＮＡＶＥＲが「プレイヤー」で、スタンプやゲームの開発者が「参加者」だ。ＡＫＢ48ならば、ファンは「顧客」、秋元康氏らは「プレイヤー」、メンバーの所属事務所やレコード会社などは「参加者」である。

5 運営側のプレイヤーの事業は、おおむね次の三つの要素に分けることができる。「集客」「ビジネスモデルの提供」「プラットフォームの管理」である。

6 「集客」とは、より多くの顧客（多くの場合は一般消費者）を集められるよう、まず、そのプラットフォームに明確なブランド価値をつけ、コンテンツを提供する参加者のビジネスにプラスになるようにすることだ。人気のプラットフォームには多くの客が集まるから、コンテンツ開発者からもより優れたものが提供されるようになる。

7 「ビジネスモデルの提供」とは、集めた顧客を利用して、参加者がビジネスを行うための様々なインフラをプレイヤーが提供することである。それは、プロモーション手段であったり、課金手段であったり、マーケティング情報の提供だったりする。たとえばゲーム開発者はゲームを作成することしかスキルがなくても、プレイヤーが参加するビジネスモデルに乗っかれば、多くの顧客に自分が作ったゲームを提供することができる。

8 「プラットフォームの管理」とは、プレイヤーが顧客の管理やプラットフォーム上で提供される品質を管理することで、プラットフォームの価値を維持する行為である。

（瀧本哲史『戦略がすべて』より　新潮新書）

プラットフォームビジネスとは、プラットフォームのプレイヤーである運営者がビジネスを行う場であるプラットフォームを提供し、参加者はそのシステム上で、コンテンツを顧客に提供するビジネスである。運営者は、プラットフォームに明確なブランド価値をつけ集客を行い、参加者のプラスになるようにビジネスモデルを提供する。また運営者は、顧客の管理やプラットフォームの品質管理をすることで、プラットフォームの価値を維持する。多くの顧客の集客に成功すれば、参加者からより優れたものが提供されるようになる。プラットフォームにおける取引量が増えると、その場を提供した運営者に利益が入る仕組みになるよう設計されたビジネスである。

（300字）

introduction

 近頃、「プラットフォームビジネス」って言葉を聞くね。
どういうものなのか、気になって調べてみたよ。
プラットフォームとは、インターネット上の多数のサービスの基盤となる
場のことなんだって。いろいろなお店の商品をサイトに並べたモール型の
ネット通販だけでなく、動画配信サイトやアプリストアもそうなんだよ。
プラットフォームを運営するプレイヤー、参加者、
そして顧客の三者で成り立っているんだ。

 なんだか難しそう。身近な例だと？

 具体例を挙げてみるね。たとえば Amazon の場合、Amazon そのものを
運営する人がプレイヤー、Amazon に出店する人が参加者、
Amazon で商品を買う人を顧客ということになるよ。

 そうか。そう説明されるとわかるかな。私の家でも Amazon や楽天で
買い物をするよ。買う側にとっては、色々な出店者の商品を比較して選べる
利点があるよね。売る側にとっても、実際に店舗を構えるコストを省いて
多くの人に販売するチャンスがあるので、商品開発に専念できると思うよ。

 プラットフォームを運営するプレイヤーにとってもメリットがあるんだ。
プラットフォームをうまく運営して人気を高めれば、より多くの顧客が
集まるよね。顧客が増えることで優秀な参加者を呼び、さらに顧客が集まる、
という具合に次々と利益を膨らませていくことができるんだ。
また、顧客から得た様々な情報を分析してビジネスに生かせることも
大きなメリットだよ。

 Instagram では、フォローしていないアカウントなのに自分の興味のある
内容の投稿が表示されることがあるけど、あれは閲覧履歴や行動情報から、
ユーザーが好みそうなアカウントを自動で抽出し、表示するアルゴリズムの
仕組みがあるからなんだって。だからユーザーは自分の好みに合った投稿を
簡単にたくさん見つけることができるんだよ。
顧客にとって便利ともいえるし、プレイヤーの利益にもなっているんだね。

STEP 2 発想を広げよう

　introduction や **STEP1** でまとめた要約文を参考に、プラットフォームビジネスの利点を、顧客の立場・プレイヤー（運営者）の立場・参加者の立場から書き出してみましょう。その「具体例や背景」「その他、気づいたこと」は何か、課題文から読み取ったことや、自分で考えたことを書き出しましょう。

　その際、プラットフォームビジネス以外のものとも比較してみるとわかりやすくなります。たとえば、実店舗などのインターネット以外のビジネスと比べてみましょう。

✐ プラットフォームビジネスの利点

顧客の利点	✐ その具体例や背景
✐ プラットフォームビジネス以外のものとの比較	✐ その他、気づいたこと

参加者の利点	✐ その具体例や背景
✐ プラットフォームビジネス以外のものとの比較	✐ その他、気づいたこと

運営者の利点	✐ その具体例や背景
✐ プラットフォームビジネス以外のものとの比較	✐ その他、気づいたこと

✎ プラットフォームビジネスの利点

顧客の利点

プラットフォームにある様々な商品やサービスを比較して選択することができる。

自分の好みに合った商品やサービスが購入候補に挙がりやすい仕組みがある。

✎ その具体例や背景

一つのプラットフォームの中で、様々な映画会社の制作した映画が提供されている。顧客はそこから選択できる。
アルゴリズムによって、自分の好みや関心に近いものが提示されやすくなっている。

✎ プラットフォームビジネス以外のものとの比較

他の顧客の評価を参考にすることができる。運営者が出店者について審査していることで安心感がある。

✎ その他、気づいたこと

顧客はプラットフォームの運営者や参加者が信頼できるものであることを重視している。

参加者の利点

広告や集客、ビジネスプランの立案をプラットフォームに委ねることができ、商品やコンテンツの開発に集中できる。

✎ その具体例や背景

変化の激しい顧客のニーズに的確に対応したい、短時間・低コストでインターネット上のビジネスを展開したいという参加者の意図がある。

✎ プラットフォームビジネス以外のものとの比較

場所や時間の制約を受けないことで、より多くの顧客を獲得するチャンスが生まれる。実店舗のコストがかからない。

✎ その他、気づいたこと

中小の地方企業であっても、取引の可能性を全国規模に広げることができる。

運営者の利点

顧客からの信頼度が高まりブランド価値がつけば、より意欲的な参加者が集まり、集客と利益につながる仕組みになっている。

✎ その具体例や背景

プラットフォームが一定の地位を築くと、自然と参加者と顧客が集まり、そこに集中しやすい。たとえば、アプリはほとんどAppleかAndroidのアプリストアを通して販売されている。

✎ プラットフォームビジネス以外のものとの比較

多くの顧客のデータを入手し分析することで、今後の販売戦略の立案や新たなビジネスにつなげることができる。

✎ その他、気づいたこと

顧客から得た情報を様々な形で活用し、ビジネスの可能性を広げている。

3 発想を整理しよう

問2 プラットフォームビジネスにはどのような利点があるのか、視点を顧客・プレイヤー（運営者）・参加者の三つの中から一つ定めたうえで、あなたの考えを500字以内で述べなさい。

✐ 自分の視点を示す。

私は、プラットフォームビジネスに利点を

顧客　・　プレイヤー（運営者）　・　参加者

からの視点で述べる。

利点❶ ✐ どのような利点があるのか、理由や根拠をふまえて具体的に示す。

✐ 利点

✐ 理由

✐ 具体例

利点❷ ✐ 他にどのような利点があるのか、理由や根拠をふまえて具体的に示す。

✐ 利点

✐ 理由

✐ 具体例

✐ それに対しての課題や必要なこと、今後のあり方を示す。

視点を絞って
まとめてみよう

 ## 顧客の視点

利点❶ 様々な商品やサービスを比較して選択できる。

✐ 理由 プラットフォーム上には様々な生産者、制作者による商品が提供されている。

✐ 具体例 一つのプラットフォーム上に様々な制作者のコンテンツが並んでいる。

利点❷ 自分の好みに合った商品やサービスが選びやすい。

✐ 理由 アルゴリズムによって、好みや関心に近いものが抽出される仕組みになっている。

✐ 具体例 これまでの購入履歴やそれをもとにしたお勧めの商品などが画面に表れる。

✐ それに対しての課題や必要なこと、今後のあり方を書いて、まとめよう。

購入履歴などの個人情報を提供することになるので、サイトやサービスが信頼できるものであるかを見極める目をもつことが必要である。

 ## プレイヤーの視点

利点❶ 信頼されたブランドになると自然と参加者と顧客が集まり収益につながる。

✐ 理由 顧客の信頼が高まり参加者が増えることが集客と収益につながる仕組みである。

✐ 具体例 アプリはほとんどAppleかAndroidのアプリストアを通じて販売されている。

利点❷ 顧客のデータを活用し、ビジネスを広げることができる。

✐ 理由 大量の顧客データは事業戦略上の貴重な情報となる。

✐ 具体例 Amazonは顧客のデータから購入傾向などを分析し、自社ビジネスに活用している。

✐ それに対しての課題や必要なこと、今後のあり方を書いて、まとめよう。

顧客から入手したデータが収益の源であるため、顧客の信頼が大切である。
また、個人情報など情報管理が常に重要な課題となる。

 ## 参加者の視点

利点❶ 広告や集客などをプラットフォームに委ね、商品やコンテンツの開発に注力できる。

✐ 理由 変化の激しい顧客ニーズに的確に対応しなければ、競争に勝ち残れない状況がある。

✐ 具体例 事業の多角化を目指し、本業以外の分野の事業を短期間で軌道に乗せた企業がある。

利点❷ 短時間・低コストでインターネットビジネスを展開できる。

✐ 理由 プラットフォームに参加することで、顧客から一定の信頼を得ることができる。

✐ 具体例 中小の地方企業でもインターネットビジネスを展開し、顧客を全国規模に広げている。

✐ それに対しての課題や必要なこと、今後のあり方を書いて、まとめよう。

プラットフォームを利用するうえでは、運営者側の判断に合わせる必要がある点を理解しておかなければならない。

STEP 4 プロットを作ろう

序論 🖉 自分の視点を最初に示そう。

> **文例**
>
> ▶ 私は、プラットフォーム
> ビジネスの利点を『 　 』
> の視点から述べる。

本論❶ 🖉 どのような利点があるのか、理由や根拠をふまえて
　　　具体的に書こう。

> **文例**
>
> ▶ まず第1に、『 　 』と
> いった利点がある。
>
> ▶ まず第1に、『 　 』と
> いった点が挙げられる。

本論❷ 🖉 他にどのような利点があるのか、理由や根拠を
　　　ふまえて具体的に書こう。

> **文例**
>
> ▶ 第2に、『 　 』といっ
> た利点がある。
>
> ▶ 第2に、『 　 』といっ
> た点が挙げられる。

結論 🖉 それに対しての課題や必要なこと、今後のあり方を
　　書いて、まとめよう。

> **文例**
>
> ▶ しかし、『 　 』といっ
> た課題もある。
>
> ▶ 今後は、『 　 』をして
> いくことが大切である。
>
> ▶ ただし、『 　 』などに
> 注意していく必要がある。

顧客の視点

序論	✍ 自分の視点を最初に示そう。

私は、プラットフォームビジネスの利点を顧客の視点から述べる。

本論 ❷	✍ 他にどのような利点があるのか、理由や根拠をふまえて具体的に書こう。

購入履歴などのデータをもとに、自分の好みに合った商品やサービスを見つけやすい仕組みになっていて、顧客はそれらを比較し、より必要で意味のあるものを丁寧に選ぶことができる。

本論 ❶	✍ どのような利点があるのか、理由や根拠をふまえて具体的に書こう。

プラットフォームにある膨大な数の商品やサービスを比較し選択することができる。

結論	✍ それに対しての課題や必要なこと、今後のあり方を書いて、まとめよう。

ただし、顧客には、サイトやサービスが信頼できるものであるかを見極める目をもつことや、ネットビジネスの変化のスピードについていくことが必要である。

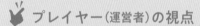プレイヤー（運営者）の視点

序論	✍ 自分の視点を最初に示そう。

私は、プラットフォームビジネスの利点をプレイヤー（運営者）の視点から述べる。

本論 ❷	✍ ほかにどのような利点があるのか、理由や根拠をふまえて具体的に書こう。

プラットフォームで多くの顧客のデータを入手し、それを分析することで、今後の販売戦略や新たなビジネスにつなげることができる。

本論 ❶	✍ どのような利点があるのか、理由や根拠をふまえて具体的に書こう。

プラットフォームに明確なブランド価値がつけば、優れた商品やサービス、コンテンツを提供する参加者が集まり、それらを提供することが新たな集客と利益につながる。

結論	✍ それに対しての課題や必要なこと、今後のあり方を書いて、まとめよう。

そのためには、広く顧客に信頼されることが重要である。ブランドの信頼度を高めることが、運営者として事業展開していくうえで求められる。

参加者の視点

序論	✍ 自分の視点を最初に示そう。

私は、プラットフォームビジネスの利点を参加者の視点から述べる。

本論 ❷	✍ ほかにどのような利点があるのか、理由や根拠をふまえて具体的に書こう。

店舗や人件費のコストをかけずに様々な場所の顧客と取引ができ、顧客を増やすことができる。

本論 ❶	✍ どのような利点があるのか、理由や根拠をふまえて具体的に書こう。

広告や集客、ビジネスプランの立案などはプラットフォームに委ね、商品やサービス、コンテンツの開発に集中できる。データを参考に変化の激しい顧客ニーズに的確に対応できる。

結論	✍ それに対しての課題や必要なこと、今後のあり方を書いて、まとめよう。

情報技術力に欠ける中小企業が低コスト、短時間でインターネット上のビジネスを展開することができる。ただし、利用においては運営者側の判断に合わせる必要がある点を理解しておかなければならない。

STEP 5 原稿用紙に書こう

問題

> 問2 プラットフォームビジネスにはどのような利点があるのか、視点を顧客・プレイヤー（運営者）・
> 参加者の三つの中から一つ定めたうえで、あなたの考えを500字以内で述べなさい。

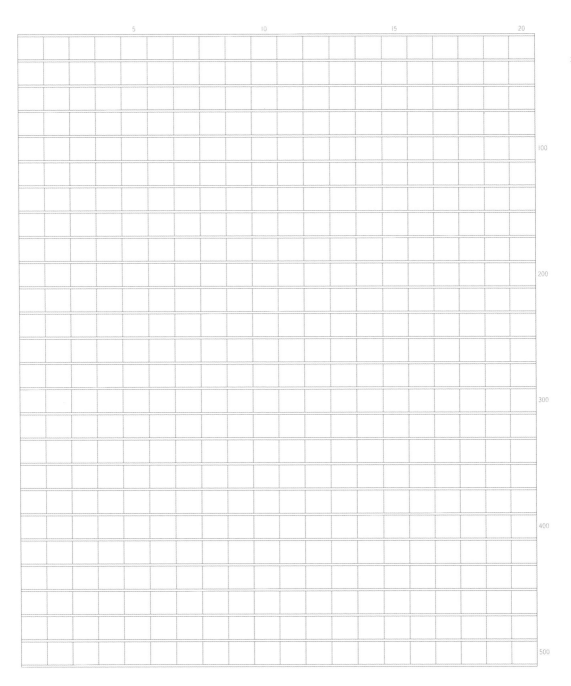

✏️ **表記・表現のチェック**

☐ 誤字や脱字はないか。

☐ 表現・表記上のミスはないか。

☐ 原稿用紙の使い方は守れたか。

✏️ **構成のチェック**

☐ 「視点がどこに置かれているか」を明確に示しているか。

☐ 「序論」「本論」「結論」で適切に段落を分けているか。

☐ 指定字数の９割以上書けているか。

問2：惜しい例

　私は、プラットフォームビジネスの利点を参加者の視点から述べる。

　プラットフォームビジネスの参加者として、ユーチューバーを例に挙げる。ユーチューバーは、YouTube上に作成した動画をアップし、その視聴回数から広告収入が入る仕組みになっている。視聴回数が多く、巨額の収入を得ている人気ユーチューバーもいる。最近では、子どものなりたい職業ランキングでもユーチューバーが第1位になっている。

　しかし、誰でも参入できるため、競争が激しい世界である。人気や視聴回数を上げ続けるためには、動画作成の能力や才能以上に、今の人が求めるものを理解し、これからの流行を予測する力を磨き続ける必要がある。人気が落ちる怖さとも向き合い続けなければならない。YouTubeというプラットフォームも、今の形でずっとあり続けるとは限らない。絶え間ない努力が必要な職業といえる。

（365字）

惜しいポイント

ユーチューバー（参加者）の利点ではなく、ユーチューバーの説明になってしまった。

惜しいポイント

利点というよりも、大変さを伝える内容になってしまった。

○ポイント
顧客の利点について、明確に述べるとともに、具体的に説明している。

○ポイント
自分の視点がどこに置かれているかを最初に明らかにしている。

　私は、プラットフォームビジネスの利点を顧客の視点から述べる。
　第1に、顧客は多様な選択ができるという点である。例えば、Amazonや楽天などオンラインモール型のプラットフォームには膨大な数の商品やサービス、コンテンツがあり、顧客はそれらを比較して購入できる。かつては地域によって消費環境に差があり、人々の不満となっていたが、それはこうしたプラットフォームの利用でかなり解消されている。
　第2に、特定のサイトを長期間利用すると、それまでに購入した商品やサービスの履歴データから、その人の好みに合った商品やサービスをサイト側が提案してくれ、顧客が欲しいものを見つけやすい仕組みになっているという点である。顧客は、ある程度好みに合う商品やサービスの中で比較し、より必要で意味のある商品を選び、購入することができる。
　ただし、プラットフォームの利用において、顧客は自分の個人データを運営者に提供していることを忘れてはならない。メリットを生かして利用するためには、顧客には、サイトやサービスが信頼できるものであるかを見極める目をもつことや、ネットビジネスの変化のスピードについていくことが求められる。

(487字)

○ポイント
利点を生かすために顧客が必要とすることを書いている。

〇ポイント
運営者の利点について明確に述べるとともに、具体的に説明している。

〇ポイント
自分の視点がどこに置かれているかを最初に明らかにしている。

　私は、プラットフォームビジネスの利点を運営者の視点から述べる。

　まず第1に、プラットフォームビジネスでは、運営者は大きな利益を得られる可能性があるという点だ。プラットフォームの品質を適切に管理し、顧客の信頼を高めてブランドに価値がつけば、意欲的な参加者が集まり、優れたコンテンツを提供できる。それが集客につながる。こうした循環で利益を膨らませていくことができる。

　第2に、多くの顧客の情報を手に入れて、新たなビジネスに使うことができる点である。プラットフォームの利用を通じて集まった顧客のデータを様々な角度から分析する。それらを参加企業の今後の販売戦略上の有益な情報として活用するだけでなく、新たなビジネスの立ち上げにつなげて収益を得るのだ。

　こうした利点を生かし、ビジネスを展開するためには、何より顧客から信頼されなくてはならない。サービスの品質だけでなく、顧客の個人情報の管理は非常に重要だ。顧客はプラットフォームの利用にあたり、運営者や参加者が信頼できるかどうかを重視している。顧客から信頼されるブランドにすることを、運営者は常に考えておく必要がある。

（474字）

〇ポイント
利点を生かすために運営者が必要とすることを書いている。

第5章

資料型
小論文

資料型小論文ってどんなもの？

　資料型小論文は、グラフや表などの資料を読み取り、与えられた設問について意見を述べる形式の小論文です。資料には、項目間の比較や時系列変化を表す棒グラフや折れ線グラフ、割合を示す円グラフ、数値やデータを比較する表などがあります。複数の資料を比較したり、関連づけたりして、資料全体が提起する問題について論じることもあります。

　設問のテーマをふまえて、資料が表す特徴や変化を正しく読み取ったうえで、自分の意見を論じます。資料の読み取りが重要なポイントであり、資料が示す問題の背景や原因などをふまえた解答が求められます。

6ステップで
完ペキ！

資料型小論文のSTEP

STEP 1 資料を読み取ろう

　資料から何がわかるのかを読み取り、論ずべきテーマを正確に導き出すことがポイントです。グラフの問題では、棒グラフからは項目間の値の比較、円グラフや帯グラフからは全体に占める割合、折れ線グラフからは変化が読み取れます。複数の資料が与えられ「すべての資料をふまえて…」のように問われた場合は、資料を個別に説明するだけでなく、資料の関係性にも着目して論ずべき点を明らかにする必要があります。

> **資料の読み取り**
> ❶ 資料が示す数値を比較し、その特徴や変化を読み取って、論ずべき問題は何かを考える。
> ❷ 資料の数値の大小や割合、変化から、その問題の原因や背景を考える。
> ❸ 複数の資料がある場合、それらがどのように関係するのか、共通点や相違点を分析する。

STEP

2 発想を広げよう

　資料から読み取った内容について、自分の意見を考えます。

　資料型小論文では、資料から読み取れる社会状況の変化や問題について、その分析や自分なりに考えた対策などを問う出題が多いので、まず、資料の数値の比較や変化の特徴から論ずべき社会問題は何か考えましょう。その社会問題が引き起こすデメリットの具体例を考えたり、その社会問題の原因や背景、また今後予想される影響を考えたりして、その問題についての考えを広げましょう。

▶ **資料の中で示された問題が、社会に引き起こす具体的なデメリットについて考えてみる。**
▶ **資料の中で示された問題の原因や背景について考えてみる。**
▶ **資料の中で示された問題が、社会にもたらす今後の影響について考えてみる。**

STEP

3 発想を整理しよう

　考えたことのうち、どこを中心に論じるかという観点で考えを絞ります。また、なぜそのような意見となるのか、意見の根拠や理由を具体的に述べることで、意見に説得力をもたせます。

　自分の周囲にある具体例や、社会的な出来事を適切に挙げて説明することで、意見に独自性を出すことができます。

STEP

4 プロットを作ろう

　序論・本論・結論という小論文の基本の構成に合わせて、考えたことを書き出していき、プロットを作ります。

序論	資料から読み取ったことを示す。
本論	読み取ったことをもとに論ずべき問題点を明らかにする。 その原因や背景を分析し、自分の意見をその理由とともに示す。
結論	問題の解決に向けて、自分の意見をまとめる。

 STEP

5 原稿用紙に書こう

　プロットをもとに、原稿用紙に書いていきます。
　段落の始まり、一文の長さ、句読点の位置などに注意しながら、丁寧に清書します。

 STEP

6 自分の解答をチェックしよう

　誤字脱字、表現上のルールや原稿用紙の使い方など、間違いがないか見直し、あれば丁寧に訂正します。

資料を読み取るコツを身につける

　資料を読み取る際のポイントは、「変化」と「差」を見ることです。数値やデータの「変化」と「差」に着目し、そこからわかることを読み取ります。

比較的値の大きい項目と小さい項目に着目

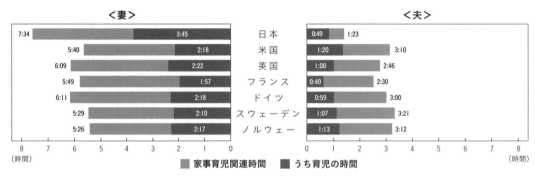

	＜妻＞	＜夫＞
日本	7:34 / 3:45	0:49 / 1:23
米国	5:40 / 2:18	1:20 / 3:10
英国	6:09 / 2:22	1:00 / 2:46
フランス	5:49 / 1:57	0:40 / 2:30
ドイツ	6:11 / 2:18	0:59 / 3:00
スウェーデン	5:29 / 2:10	1:07 / 3:21
ノルウェー	5:26 / 2:17	1:13 / 3:12

■ 家事育児関連時間　■ うち育児の時間

備考
1．I.Eurostat"How Europeans Spend Their Time Everyday Life of Women and Men"(2004)、Bureau of Labor Statistics of the U.S. "American Time Use Survey"
　(2016年)及び総務省「社会生活基本調査」(2016年)より作成。
2．日本の数値は、「夫婦と子供の世帯」に限定した妻・夫の1日当たりの「家事」、「介護・看護」、「育児」及び「買い物」の合計時間（週全体）である。

出典：内閣府男女共同参画局「男女共同参画白書平成30年版」（「6歳未満の子供を持つ夫婦の家事・育児関連時間」）

✐ ① 一番家事・育児関連時間
　　が長い国はどこだろうか。

「妻」：

「夫」：

✐ ② グラフからいえることは？

✐ ③ このグラフと関連する社会問題は？

　どの項目が比較的大きいか小さいかということから、グラフの特徴をつかみ、そこから問題点を導き出します。そして、グラフの内容をヒントにその原因や背景を考えましょう。

書き込み例

✐ ① 一番家事・育児関連時間
　　が長い国はどこだろうか。

「妻」：　日本

「夫」：　スウェーデン

✐ ② グラフからいえることは？

日本は諸外国に比べ男性の家事育児時間が短く、逆に女性の家事育児時間、特に育児に関わる時間がグラフ中の国々の約1.5倍と極めて長い。

✐ ③ このグラフと関連する社会問題は？

性別役割分業、男女間の不平等

🔓 全体に占める割合の大小に注目

日本の人口割合

1970年

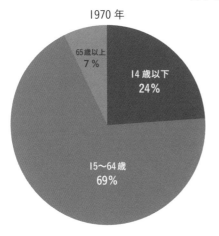

2020年

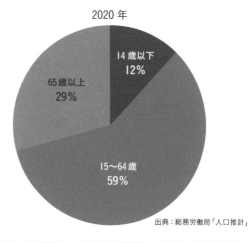

出典：総務労働局「人口推計」

✎ ① 1970年と2020年で、14歳以下と65歳以上の年齢層はそれぞれ全体の何%を占めている？

	1970年	2020年
14歳以下		
65歳以上		

✎ ② グラフからいえることは？

✎ ③ このグラフと関連する社会問題は？

　円グラフなど割合を示すグラフでは、全体に対する割合の大きいもの、小さいものに注目します。そして、なぜ割合が大きいのか（小さいのか）という視点から原因や背景を考えてみましょう。

書き込み例

✎ ① 1970年と2020年で、14歳以下と65歳以上の年齢層はそれぞれ全体の何%を占めている？

	1970年	2020年
14歳以下	24%	12%
65歳以上	7%	29%

✎ ② グラフからいえることは？

1970年から2020年の間で、14歳以下は全体の人口に占める割合が減少し、65歳以上の割合は増加している。

✎ ③ このグラフと関連する社会問題は？

少子高齢化

🔓 時系列の変化に注目

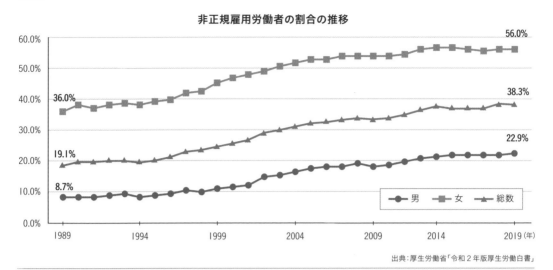

非正規雇用労働者の割合の推移

出典：厚生労働省「令和2年版厚生労働白書」

✐ ① 非正規雇用労働者の割合は
どのように推移している？
いずれかを選ぼう。

全体：（ **増加** ・ **減少** ）している

男性：（ **増加** ・ **減少** ）している

女性：（ **増加** ・ **減少** ）している

✐ ② グラフからいえることは？

✐ ③ このグラフと関連する社会問題は？

　折れ線グラフなど時系列での変化を示すグラフでは、増加や減少などの変化のほか、単位や年度にも注意しましょう。そして、数値が急に変化している箇所があれば、その前後に社会にどのような出来事や変化があったか考えましょう。

書き込み例

✐ ① 非正規雇用労働者の割合は
どのように推移している？
いずれかを選ぼう。

全体：（ (増加)・ 減少 ）している

男性：（ (増加)・ 減少 ）している

女性：（ (増加)・ 減少 ）している

✐ ② グラフからいえることは？

1989年から2019年までの間に男女ともに非正規雇用労働者の割合は大きく増加した。全体では38.3%と1989年の約2倍である。2019年時点で男性は22.9%だが、女性は56.0%と労働者の半数以上である。

✐ ③ このグラフと関連する社会問題は？

経済格差の広がり、雇用の不安定化、男女の性別役割分業など

column

資料型小論文 頻出テーマ①
【外国人労働者】

　資料型小論文では日本の社会問題にまつわる様々な資料が出題されます。
　ここでは、入試問題で頻出する『外国人労働者』についての資料を紹介します。

【外国人雇用事業所数・外国人労働者数（総数）】のグラフを見ると、外国人労働者の数は近年増加傾向にあり、2020年は2008年と比べると３倍以上にもなっていることがわかります。また、日本で暮らす理由もさまざまなようです。

（このページの図の出典：いずれも厚生労働省 「外国人雇用状況」の届出状況まとめより）

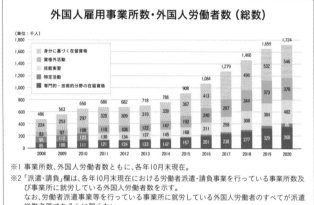

外国人雇用事業所数・外国人労働者数（総数）

※1 事業所数、外国人労働者数ともに、各年10月末現在。
※2「派遣・請負」欄は、各年10月末現在における労働者派遣・請負事業を行っている事業所数及び事業所に就労している外国人労働者数を示す。
　なお、労働者派遣事業等を行っている事業所に就労している外国人労働者のすべてが派遣労働者等であるとは限らない。
出典:厚生労働省「外国人雇用状況」の届出状況のまとめ（令和２年10月末現在）

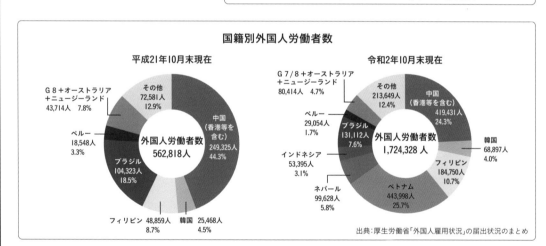

国籍別外国人労働者数

平成21年10月末現在

令和2年10月末現在

出典:厚生労働省「外国人雇用状況」の届出状況のまとめ

　【国籍別・在留資格別外国人労働者数】は、日本に在留する外国人労働者を国籍別にみたものです。過去、外国人労働者の国籍は、中国とブラジルが多かったことがわかります。それと比べると昨今は、アジアが中心ではありますが、多様になっています。

　日本で働く外国人は増え、多様化しています。世界が国際化していることはもちろん、少子高齢化で日本の労働力人口が減りつつあることも、外国人労働者の受け入れが増えている要因と考えられます。

　食べ物や宗教、生活習慣が異なる人々と同じ社会でいっしょに暮らすことになるわけですから、さまざまな生活上の問題が今後生まれてくるでしょう。

　多様な人々と共生できる社会を築いてゆくことが、今後の日本社会の課題です。

資料を読み取り、問題を解く

問題

（1） 図1・2から、現在の日本の人口と高齢者世帯の特徴についてわかることを200字で述べなさい。

（2） （1）をふまえて、日本の問題点と、その解決策について、自分の考えを600字以内で述べなさい。（高崎健康福祉大学 改題）

図1 年齢区分別人口の割合の推移（1950〜2019年）

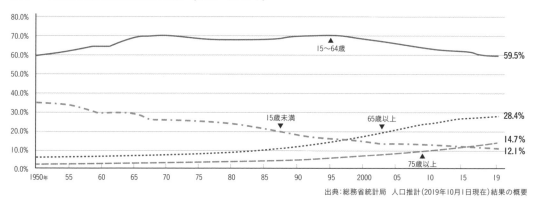

出典：総務省統計局 人口推計（2019年10月1日現在）結果の概要

図2 65歳以上の者のいる世帯の世帯構造の年次推移

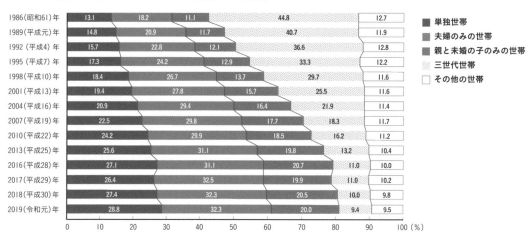

注1.1995（平成7）年の数値は、兵庫県を除いたものである。
注2.2016（平成28）年の数値は、熊本県を除いたものである。
注3.「親と未婚の子のみの世帯」とは、「夫婦と未婚の子のみの世帯」及び「ひとり親と未婚の子のみの世帯」をいう。

出典：厚生労働省
2019年国民生活基礎調査の概況

① 資料を読み取ろう

「図1からわかること」「図2からわかること」と、「2つの資料から読み取れること」
を書いてみましょう。それらをまとめて、問題（1）の解答を書いてみましょう。

✐ 図1からわかること

✐ 図2からわかること

✐ 2つの資料から読み取れること

（１） 図1・2から、現在の日本の人口と高齢者世帯の特徴についてわかることを200字で述べなさい。

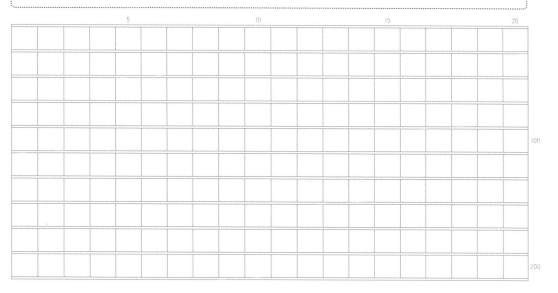

図1を見ると、1975年以降、65歳以上の人口割合は増え続けているけれど、15歳未満の子どもの割合が減っていることがわかるね。
生産年齢の15〜64歳の人口割合も、1995年以降減っているよ。

1995年に65歳以上の割合と15歳未満の割合が逆転して、2015年には75歳以上の人口割合も15歳未満の割合を上回っているよね。

75歳以上の割合は特に90年代以降増えているんだ。
2019年の65歳以上の高齢者28.4％のうち、約半分の14.7％が75歳以上の後期高齢者だよ。人口に占める高齢者の割合が21％を超えると「超高齢社会」と呼ばれるんだって。

2019年では、65歳以上の高齢者は28.4％で15歳未満の子どもは12.1％、つまり人口の10人のうち約3人が高齢者で、
15歳未満の子どもは1人ということになるよ。
だから日本は少子高齢化しているといわれるんだね！

図2では、昭和61年以降、親、子、孫の三世代世帯の割合がどんどん減っているね。2019年は9.4％まで減ってしまった。
全世帯の中で最も少ないね。

高齢者夫婦が二人で暮らしている世帯が32.3％というのは、
何となくイメージできるよ。私の祖父母も二人暮らしだから。
親と未婚の子どものみの世帯が2019年には20％、5世帯に1世帯というのは、
意外と多いね……。

一人で暮らす単独高齢者世帯も少しずつ増え続け、2019年では28.8％、
高齢者世帯全体のほぼ3分の1。
夫婦のみの世帯も、どちらかが亡くなると単独世帯になるので、
一人暮らしのお年寄りは今後も増えるね。

図から読み取れることを書き出していこう

🖊 図1からわかること

| 65歳以上の人口割合が増えている。中でも75歳以上の割合が増えている。 | → | 65歳以上28.4％、75歳以上14.7％ |
| 1995年あたりからの変化が大きい。 | → | 15〜64歳の割合や15歳未満の子どもの割合が減っている。 |

🖊 図2からわかること

3世代同居は減り続け2019年10％弱	65歳以上の親と未婚の子との同居が20％
65歳以上の人の一人暮らしは約29％	
65歳以上の人の夫婦二人暮らしは32％	1986年では合わせて約31％だったのが2019年では合わせて60％を超えている。

🖊 二つの図から読み取れること

少子高齢化が進んでいる。 → 高齢者のみ（単独・夫婦）・高齢者＋未婚の子のみの世帯が増えている。　　介護の必要な高齢者は増えるが、世帯規模の縮小で、家族だけで高齢者を介護することは難しくなる。

少子化が続けば、高齢者のみの世帯や高齢単独世帯の割合がますます増えていく。

問1：解答例

　図1を見ると、日本では、1995年頃より、生産年齢人口にあたる15〜64歳の割合や15歳未満の子どもの割合が減り、65歳以上の高齢者の割合、特に75歳以上の割合が増えている。2019年の65歳以上の割合は28.4％であり、約3人に1人が高齢者で、少子高齢社会であることがわかる。さらに図2を見ると、2019年では、65歳以上の高齢者世帯のうち一人暮らし世帯は28.8％、夫婦のみや、親と未婚の子との二人世帯は合わせて52.3％である。

（198字）

今後ますます、高齢者の割合が増えていくと、
高齢者の生活や介護が重要な問題になってくるよね。
地方では若者が減って半数以上が高齢者という限界集落が
増えているって聞くけど、高齢化の進んだ団地など都市でも
同じことが問題になっているよ。

高齢者夫婦のみの世帯は、どちらかが認知症や病気になるとさらに大変！
介護の負担や生活の不安も大きくなるはず。
老々介護で疲れてしまって、
高齢者夫婦が共倒れになってしまったニュースを見たよ。

高齢者夫婦のみの世帯で、もし片方の人が亡くなると
単独世帯になるんだよね。
生活や健康のことで高齢者にとって一人で暮らす不安は大きいと思うよ。

高齢者の親と未婚の子どものみの世帯の暮らしはどうだろう。
子どもが仕事をしながら、家では親の面倒を見ているのかな？
もし、つきっきりで面倒を見なければならなくなったら、
仕事を続けられなくなるのでは…？

介護離職の問題だよね。
子どもの将来の生活不安につながると問題になっているよ。
ほかにも8050問題というのも聞いたことある。
80代の高齢の親が経済的に自立できない50代の子どもの生活の
面倒を見ることで、経済面や健康面で追い込まれてしまう問題だよ。

高齢者の暮らしを家族だけに任せてしまわず、
社会全体で支える仕組みが必要だよね。
高齢者が安心して暮らしていけるようにするにはどうすればいいだろう？
介護についての公的な支援はもちろん、
地域全体で高齢者を見守る助け合いも大事だと思うよ。

STEP 2 発想を広げよう

　introduction を参考にして、資料から読み取れる状況から考えられる日本の「問題点」を書いてみましょう。それに対して「原因や背景」「そこから起こる問題」さらに「解決策」やそのために「必要なこと」を具体的に書き出しましょう。ここでは、思いつくことをできるだけたくさん書くのが大事です。

✎ 日本の問題点

✎ そのことが引き起こす悪影響

✎ 解決策

✎ その原因や背景

日本の問題点

日本では、少子高齢化が急速に進んでいる中で、
65歳以上の高齢者のみの世帯や、
65歳以上の高齢者と未婚の子のみの世帯の割合が増えている。

そのことが引き起こす悪影響

夫婦のみの高齢者世帯が増えると
老老介護の状態が生まれ、
負担から生活が不安定になる。

夫婦のみの二人世帯もいずれ
どちらかが亡くなれば
高齢単身世帯となり、家族による
介護が期待できない状態になる。

独居高齢者の中には社会的に
孤立してしまうケースがある。

親の介護のために、子どもが
離職すれば、子どもの将来の
生活が経済的に不安定になる。

その原因や背景

社会構造の変化による
核家族化の進行

ライフスタイルの変化

↓

高齢者の
独立志向

未婚の高齢者
の増加

地域の人間関係の希薄化

解決策

医療・介護の体制の整備

↓

医療・介護・生活支援が
連携して高齢者をケアする、
地域包括ケアシステムの構築

↓

医療・介護の人材を増やすなど、
待遇・労働環境の改善

公助の重要性への社会的理解

高齢者の生活を見守る。
孤立させない。

↓

地域の人との関わりを増やす。

↓

高齢者の活動（仕事）の場
を増やす。

↓

高齢者や介護者を見守るネットワーク

介護離職を防ぐ。
家族も孤立させない。

STEP 3 発想を整理しよう

　STEP2で書いたことをもとに、どの部分に注目して小論文を書くかを選びましょう。また、それを深め、具体例を考えましょう。

✐ **資料から読み取れることを示す。**

✐ **それが引き起こす問題点を示す。**

（具体例）

✐ **問題の原因や背景を示す。**

（具体例）

✐ **解決策を示す。**

（具体例、具体的な施策）

✐ 資料から読み取れることを示す。

> 日本では少子高齢化が急速に進んでいる。
> また世帯規模でいえば、65歳以上の高齢者の単身もしくは夫婦のみの世帯や、
> 65歳以上の高齢者と未婚の子のみの二人世帯といった規模の
> 小さな高齢者世帯の割合が増えている。

✐ それが引き起こす問題点を示す。

> 高齢単身者世帯は、社会的に
> 孤立する危険がある。
>
> （具体例）都市部では孤独死が
> 頻発している。

✐ それが引き起こす問題点を示す。

> 高齢者介護の負担に耐えられない世
> 帯が増えていく。
>
> （具体例）要介護者数が増加しており、
> 多くの場合家族が主な介護者である。

✐ 問題の原因や背景を示す。

> 社会構造の変化により、核家族化・
> 未婚化が進み、二人世帯、単身世帯
> といった規模の小さい世帯が増えた。
> 地域における関係性が希薄化した
> ことで、隣近所との助け合いも減った。
>
> （具体例）地方だけでなく、都市の
> 団地などでも高齢化が進み限界集落
> といわれるような状況が生まれている。

✐ 問題の原因や背景を示す。

> 社会構造の変化により、核家族化・
> 未婚化が進み、二人世帯、単身世帯
> といった規模の小さい世帯が増えた。
>
> （具体例）老老介護、介護離職など
> の問題が生まれている。

✐ 解決策を示す。

> 高齢者世帯を社会的に孤立させない
> コミュニティを作る。
> 身近な地域の中に、高齢者が居場所
> や役割、人とのつながりを持つことので
> きるように、地域課題として取り組む。
>
> （具体例、具体的な施策）自治体が
> 中心となってシニアボランティア活動を
> 立ち上げた例がある。地域の交流を
> 盛んにし、見守り支え合う関係の構
> 築に役立っている。

✐ 解決策を示す。

> 地域包括ケアシステムの整備をさらに
> 進めていく。
>
> （具体例、具体的な施策）システムの
> 整備を進めるため、人材を集める。
> そのためには、介護を魅力ある仕事
> に変えていく必要がある。

STEP 4 プロットを作ろう

序論 ✎ 資料をふまえ、自分の立場や意見を書こう。

文例

▶ 2つのグラフからは、『　　　』といったことが読み取れる。

▶ このことから、『　　』と考えられる。

本論 ① ✎ 問題点や課題を具体的に書こう。

文例

▶『　　　』が問題である。

▶ 今後の課題は、『　　』である。

本論 ② ✎ 問題点の原因や背景、またその解決策について書こう。

文例

▶ その原因として、『　　』と考えられる。

▶『　　』ことが背景にあると考えられる。

結論 ✎ 問題点や課題の解決策を書いて、まとめよう。

文例

▶ 今後は、『　　』をしていくことが必要である。

▶ 今後は、『　　』をしていかなければならない。

序論　✐ 自分の視点を最初に示そう。

グラフから、日本では少子高齢化が急速に進行していることがわかる。また、65歳以上の高齢者世帯についていえば、そのうち80％以上が二人以下の規模の小さい世帯ということが特徴である。

本論❶　✐ 問題点を具体的に書こう。

高齢者の二人世帯、単身世帯が増えているが、こうした世帯は社会的に孤立しやすい。今後の課題は高齢者の社会的孤立を防ぐことである。

本論❶　✐ 問題点を具体的に書こう。

介護の必要な高齢者は増えるが、家族だけで高齢者の介護を担うことは難しい。日本には介護は家族が負うべきという社会意識があるが、今後ますます、家族に頼れない高齢者や介護の負担に耐えられない家族を社会で支える必要がある。

本論❷　✐ 問題点の原因や背景、またその解決策について書こう。

社会構造の変化で核家族化が進行し、ライフスタイルも変化したことや、地域における人間関係の希薄化が背景にあるが、このままでは高齢者の社会的孤立は深刻化する。高齢者世帯の孤立を防ぐ対策が望まれる。

本論❷　✐ 問題点の原因や背景、またその解決策について書こう。

高齢者世帯を支える社会的支援、公助の部分に目を向けるべきだ。医療・介護システムを整備し、人材を確保することが課題である。

結論　✐ 問題点や課題の解決策を書いて、まとめよう。

今後は高齢者が地域に居場所や助け合える関係を持てるよう、地域社会全体の問題として高齢者を支える仕組みを作っていかなければならない。

結論　✐ 問題点や課題の解決策を書いて、まとめよう。

人材確保のための財源の問題はあるが、誰もが高齢単身世帯になる可能性はある。今後は公助の大切さを社会で理解し、支え合う社会の実現を目指すことが必要である。

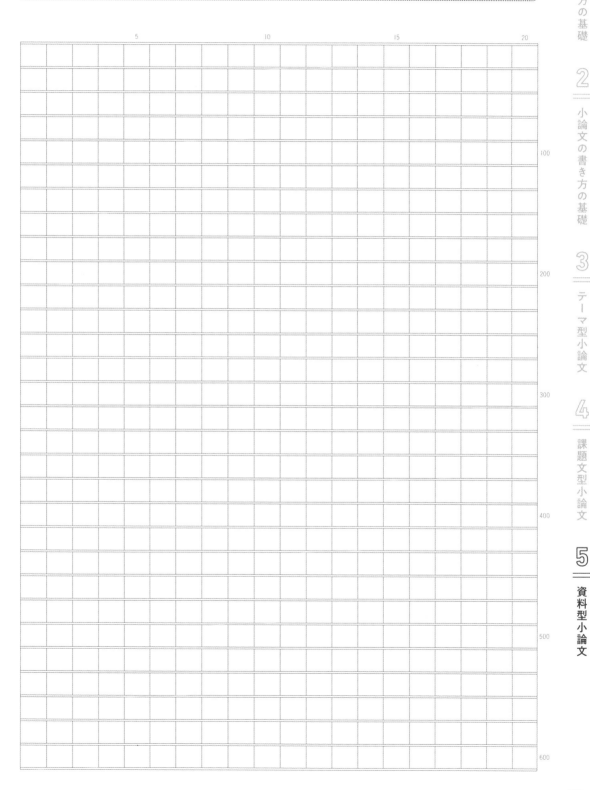

STEP 5 原稿用紙に書こう

STEP4で整理したプロットを使って、実際に小論文を書いてみよう。

> **（2）**（1）をふまえて、日本の問題点と、その解決策について、自分の考えを600字以内で述べなさい。

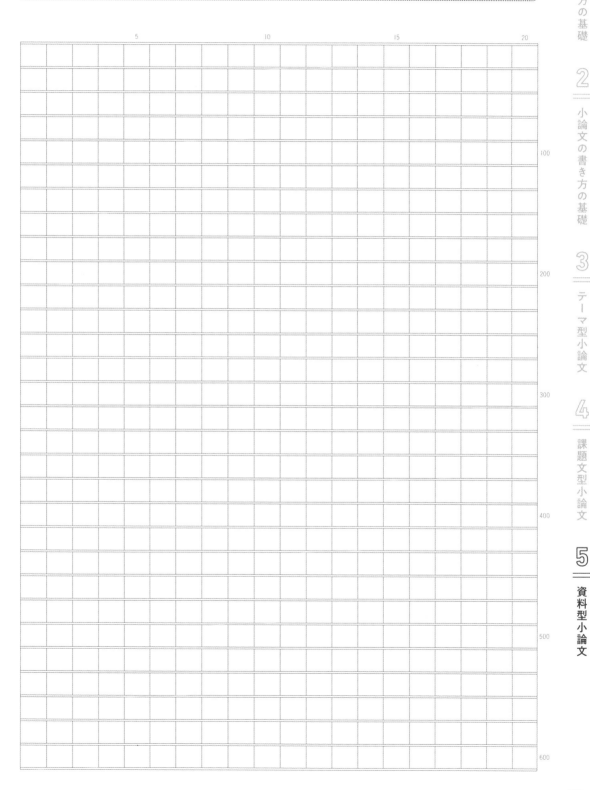

STEP 6　自分の解答をチェックしよう

✐ **表記・表現のチェック**

☐ 誤字や脱字はないか。

☐ 表現・表記上のミスはないか。

☐ 原稿用紙の使い方は守れたか。

✐ **構成のチェック**

☐ 資料から読み取った内容が
まとめられているか。

☐ 「序論」「本論」「結論」で適切に
段落を分けているか。

☐ 指定字数の９割以上書けているか。

（2）：惜しい例

惜しいポイント
資料の数値だけの説明であり、特徴をつかめていない。

　図1を見ると、長期的には15〜64歳の人口割合はあまり変化していない。65歳以上の割合は、1995年に15歳未満の割合を超え、75歳以上の割合は、2014年に15歳未満の割合を超えている。2019年には、15歳未満の割合と75歳以上の割合がほぼ同じになっている。
　図2からは、1986年においておよそ半分の割合を占めていた祖父母、親、子の三世代世帯は、2019年には9.4％と、その割合が急速に減少していることが読み取れる。日本では核家族化が進行し、共働き夫婦や子どもを持たない夫婦が増えていると考えられる。

（234字）

惜しいポイント
この資料の中心テーマとはいえない。

惜しいポイント
高齢者世帯の特徴を明らかにしていない。

（2）：解答例1

○ポイント
二つの図からわかる特徴を述べ、問題点を明らかにしている。

○ポイント
問題を解決するうえで課題となる点を明らかにしている。

　資料は、日本で少子高齢化が急速に進行している。また、高齢者世帯においては、三世代世帯などが減少し、小規模世帯が増加しているということも示している。介護の必要な高齢者は増えているが、世帯規模の縮小で、家族だけで高齢者介護を担うことが難しくなっている状況と、こうした世帯の社会的孤立の問題が浮かび上がる。

　都市部の高齢者の多い団地などでは、老老介護の行き詰まりや孤独死の問題が起きていると聞く。高齢者の小規模世帯は周囲との交流の機会が少なくなりがちで、社会的に孤立しやすい。今後の課題は高齢者の社会的孤立を防ぐことではないか。

　社会構造の変化で核家族化が進行し、ライフスタイルも変化した。高齢者の小規模世帯が増加する一方、地域における人間関係は希薄化している。このまま対策を講じなければ、高齢者世帯の孤立の問題は深刻化する。

　これからは、高齢者世帯を社会的に孤立させないコミュニティを作ることが重要だと考える。高齢者が居場所や役割、人とのつながりを持つことができるように、地域における積極的な取り組みが望まれる。自治体が中心となってシニアボランティア活動を立ち上げ、地域で野菜作りや子ども食堂の手伝いなどを行っている例が新聞で紹介されていた。こうした取り組みを社会全体に広げ、高齢者と地域社会の交流を盛んにし、見守り支え合う関係を構築していく必要がある。

（578字）

○ポイント
問題が深刻化する可能性を挙げることで、課題解決の必要性を強調している。

○ポイント
課題について具体例を挙げながら解決の方向性を示し、意見をまとめている。

（2）：解答例2

〇ポイント
二つの図からわかる特徴的な点について述べている。

〇ポイント
問題点を明らかにしている。

　二つのグラフは、日本で少子高齢化が急速に進行していることを示している。また、高齢者世帯においては、単身や夫婦のみ、もしくは高齢者と未婚の子のみという小規模世帯が8割を占めるという特徴も示している。介護の必要な高齢者は増えているが、世帯規模の縮小で、家族だけで高齢者の介護を担うことが難しくなっているのだ。

　これまでの日本では、介護は家族が担うという社会意識が強かったが、既に老老介護や介護離職などの問題も起きている。家族に頼れない高齢者や介護の負担に耐えられない家族を社会で支えていく必要がある。

　課題は、介護や医療の需要の高まりに対応できる、地域における介護・医療の体制の整備である。現在、医療や介護等が連携して包括的に高齢者をケアする地域包括ケアシステムの構築が目指されているが、そのためには、介護等に関わる人材を増やす必要がある。少子化で生産年齢人口が減少している中で人材を得るためには、待遇や労働環境の改善で魅力のある職業に変えていく必要があり、その財源確保には社会全体の合意が必須である。

　現在の日本では財政難の問題もあり、公助よりも自助、共助という意見がある。だが、誰もが高齢単身世帯になる可能性はある。家族に頼らずとも支え合える社会の構築は、生活のリスクを減らすことにつながる。今後はこうした考えを社会に広め、公助の重要性について社会の理解を求める必要がある。

（583字）

〇ポイント
問題を解決するうえで課題となる点と、解決策を示している。

〇ポイント
解決策について掘り下げ、今後の方向性を示し、意見をまとめている。

102

column

資料型小論文 頻出テーマ②
【少子高齢化】

資料型小論文では日本の社会問題にまつわる様々な資料が出題されます。
ここでは、入試問題で頻出する『少子高齢化』についての資料を紹介します。

【出生数及び合計特殊出生率の年次推移】の表からは、1947年頃の第1次ベビーブーム、1971年頃の第2次ベビーブームのあとは、出生率はずっと減少傾向にあるのがわかります。

出生率は減り続け、ついに2005年には1.26を記録し、その後若干の回復をみせるものの、1.3程度を推移し、2020年にはこのグラフの中では最低の出生数、840,835人を記録しています。

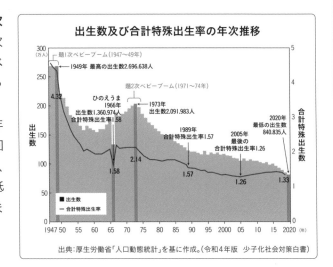

出典：厚生労働省「人口動態統計」を基に作成。(令和4年版 少子化社会対策白書)

【高齢化の推移と将来推計】は、年齢層別の人口や、高齢化率を示すグラフです。

総人口は、2010年頃までは増加傾向、それ以降は減少傾向で、2020年以降の推計値では一定して減少しています。

高齢化率と年齢層別の人口をあわせて見ると、65歳以上の年齢幅がどんどん増加しており、高齢化率はどんどん高まっています。2020年以降の推計値では、高齢者の人口自体の増加は止まるものの、総人口が減るため、高齢化率は上がり続けています。

表1と表2が示すように、出生数が減り、若い世代の割合が減り、かわりに高齢者の人口割合が増えるのが、少子高齢化です。

日本の社会のシステムの多くは、日本が高齢化する前に作られたものなので、各所にさまざまなひずみが生まれています。

今後は、高齢化を食い止めるということはもちろん、高齢化する社会をどのように設計していくかということも課題となってくるでしょう。

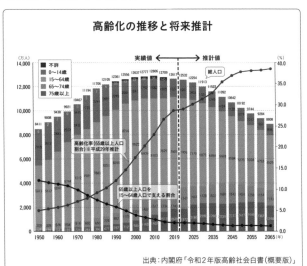

出典：内閣府「令和2年版高齢社会白書(概要版)」

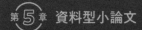
目的に沿って資料を選択する

問題

次の資料1〜3を読み取り、(1)・(2) の問いに答えなさい。

(1) 資料1〜3から、人々の経済状態と健康の関係について読み取れることを、横書き・200字以内で説明しなさい。

(2) (1) をふまえ、社会における健康の問題についてのあなたの考えを、横書き・600字以内で述べなさい。

資料1　食生活と運動習慣の所得格差

			世帯所得 200万円未満		世帯所得 200万円以上〜 600万円未満		世帯所得 600万円以上	
			人数	割合 または平均	人数	割合 または平均	人数	割合 または平均
食生活	穀物摂取量	男性	423	535.1g	1,623	520.9g	758	494.1g
		女性	620	372.5g	1,776	359.4g	842	352.8g
	野菜摂取量	男性	423	253.6g	1,623	288.5g	758	322.3g
		女性	620	271.8g	1,776	284.8g	842	313.6g
	肉類摂取量	男性	423	101.7g	1,623	111.0g	758	122.0g
		女性	620	74.1g	1,776	78.0g	842	83.9g
運動	運動習慣のない 者の割合	男性	267	70.9%	973	68.0%	393	68.2%
		女性	417	78.0%	1,146	74.4%	546	74.8%
	歩数の平均値	男性	384	6,263	1,537	7,606	743	7,592
		女性	570	6,120	1,675	6,447	814	6,662

※世帯所得額を当該世帯員に当てはめて解析
※「運動習慣のない者の割合」とは、「運動習慣のある者（1日30分以上の運動を週2回以上実施し、1年以上継続している者）」に該当しない者。
出典：厚生労働省「国民健康・栄養調査」（平成26年）

資料2　所得階層別の健康に対する意識

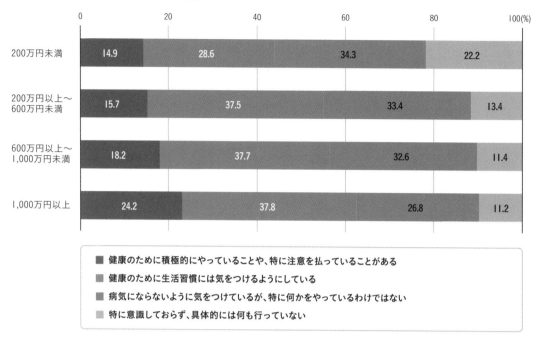

資料：厚生労働省政策統括官付政策評価官室委託「健康意識に関する調査」(2014年)
※四捨五入の関係で合計が100％にならない場合がある
出典：厚生労働省「平成26年版　厚生労働白書」

資料3　健康のために特に何も行っていない理由

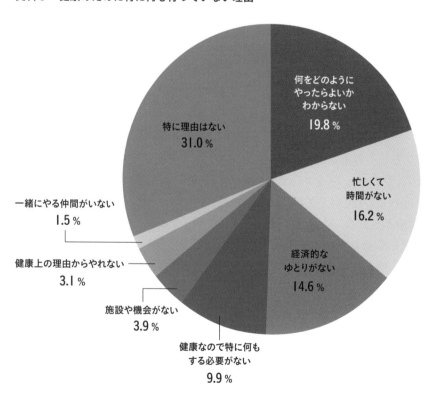

資料：厚生労働省政策統括官付政策評価官室委託「健康意識に関する調査」(2014年)
※健康のために「気をつけているが特に何かをやっているわけではない」又は「特に意識しておらず具体的には何も行っていない」人を対象にした質問
出典：厚生労働省「平成26年版　厚生労働白書」

資料1を見ると、世帯所得が200万円未満の人は、
世帯所得が600万円以上の人よりも穀類の摂取量が多く、
野菜や肉類の摂取量が少ないね。
米やパン、麺類のほうが値段が安くてカロリーが補えるからかな。

運動習慣についても、世帯所得の低い人は、
世帯所得の高い人よりも運動習慣のない人の割合が大きいね。
運動習慣に関係している歩数の平均値を見ても、所得が高い人のほうが多い
よ。

そのことは、資料2からも説明できるんじゃないかな。
健康のために何かやっていたり、生活習慣に気をつけていたりする人の
割合は、世帯所得が600万円以上の人の場合55.9%、
所得が1000万円以上になると62%になるよ。
それに対して、世帯所得が200万円未満の人は、
43.5%ほどにしかならないよ。健康とお金には関係があるのかな。

所得の低い層では、健康に対して意識していない人の割合も大きいね。
お金に余裕がある人のほうが、健康に対する意識が高いってことなのかな。
それとも違う理由があるのかな。

資料3を見ると、健康のために何もしていない理由としては、
「何をどのようにやったらよいかわからない」という回答が19.8%と
1番多いけれど、「忙しくて時間がない」と
「経済的なゆとりがない」を合わせると30.8%になるね。
これは、お金を稼ぐために長時間働かなければならない、
健康のために何かする余裕がないという状況を表しているんじゃないかな。

経済格差は健康格差という状況にもつながっているようだね。

STEP 1 資料を読み取ろう

「資料１からわかること」「資料２からわかること」「資料３からわかること」と、「三つの資料から読み取れること」を書いてみましょう。

それらをまとめて、問題（１）の解答を書いてみましょう。

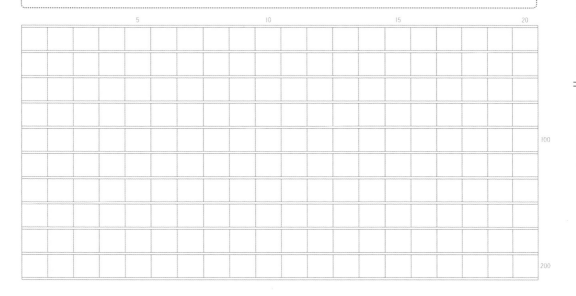

✐ 資料１からわかること

✐ 資料２からわかること

✐ 資料３からわかること

✐ 三つの資料から読み取れること

（１）資料1～3から、人々の経済状態と健康の関係について読み取れることを、横書き・200字以内で説明しなさい。

5　　　　　10　　　　　15　　　　　20

100

200

📝 資料1からわかること

世帯所得の低い人は、世帯所得の高い人よりも穀類摂取量が多く、野菜や肉類摂取量が少ない。

📝 資料1からわかること

運動習慣がない人の割合は、世帯所得の低い人のほうが世帯所得の高い人よりも大きい。

📝 資料2からわかること

所得の高い人は、所得の低い人に比べて、「健康のために何かしている」人、「生活習慣に気をつけている」人の割合が大きい。

📝 資料2からわかること

所得の低い人では、「病気にならないように気をつけているが、特に何かをやっているわけではない」人の割合が大きく、健康に対して意識していない人の割合も大きい。

📝 資料3からわかること

「健康のために何も行っていない」理由として、「何をどのようにやったらよいかわからない」が19.8%を占めている。

📝 資料3からわかること

「忙しくて時間がない」が16.2%、「経済的なゆとりがない」が14.6%、あわせると約3割を占めている。

📝 三つの資料からわかること

経済格差が健康格差につながっている。

（1）：解答例

資料1では、所得により食生活や運動習慣に差が見られる。低所得世帯は高所得世帯に比べ野菜や肉類の摂取が少なく、比較的安価な穀類を多く摂取する傾向がある。運動習慣のない者の割合も高い。資料2の健康意識では、低所得層は高所得層に比べ積極的に行動している人の割合が低い。資料3では、行動していない理由として、時間的、経済的余裕のなさを挙げる人が約3割を占める。経済格差が健康格差につながっていると考えられる。

(200字)

column

資料型小論文 頻出テーマ③
【ジェンダー】

　資料型小論文では日本の社会問題にまつわる様々な資料が出題されます。
　ここでは、入試問題で頻出する「ジェンダー」についての資料を紹介します。

【グローバル・ジェンダー・ギャップ指数】は、各国のジェンダー平等を指数で表したものです。

　日本では、特に政治・経済のジャンルの指数が低く、日本において、政治・経済分野については、男女間の格差はまだ大きく、その取り組みもあまり進んでいないといえそうです。

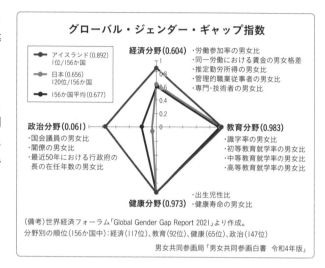

グローバル・ジェンダー・ギャップ指数

- アイスランド(0.892) 1位/156か国
- 日本(0.656) 120位/156か国
- 156か国平均(0.677)

経済分野(0.604)
・労働参加率の男女比
・同一労働における賃金の男女格差
・推定勤労所得の男女比
・管理的職業従事者の男女比
・専門・技術者の男女比

教育分野(0.983)
・識字率の男女比
・初等教育就学率の男女比
・中等教育就学率の男女比
・高等教育就学率の男女比

政治分野(0.061)
・国会議員の男女比
・閣僚の男女比
・最近50年における行政府の長の在任年数の男女比

健康分野(0.973)
・出生児性比
・健康寿命の男女比

(備考)世界経済フォーラム「Global Gender Gap Report 2021」より作成。
分野別の順位(156か国中)：経済(117位)、教育(92位)、健康(65位)、政治(147位)

男女共同参画局「男女共同参画白書 令和4年版」

【女性の年齢階級別労働力率の推移】のグラフでは、年度を変えて三つのグラフが重ね合わされています。

　昭和と平成の二つのグラフでは、一般的に育児を行う年齢になると労働力率が下がり、育児が落ち着く年齢になると回復するという『M字カーブ』を描いていますが、令和2年のグラフでは、ほとんどみられません。こうしたグラフの形の変化は、結婚や出産などを経ても退職せず、仕事を続ける女性が増えたために起きたといわれています。

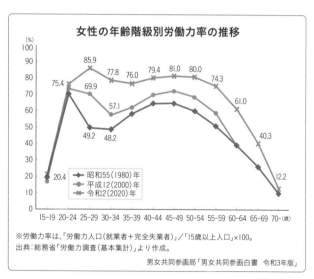

女性の年齢階級別労働力率の推移

- 昭和55(1980)年
- 平成12(2000)年
- 令和2(2020)年

※労働力率は、「労働力人口(就業者＋完全失業者)」/「15歳以上人口」×100。
出典：総務省「労働力調査(基本集計)」より作成。

男女共同参画局「男女共同参画白書 令和3年版」

　このように、社会で働く女性は増えていますが、政治・経済の男女間の格差は開いたままです。

　こうした現状を打開するため、昇進する人数の一定数を女性にするという試みを行っている組織もあります。また、男性が家事・育児に参画できるよう、男性育休の取得を推進したり、働く人のライフワークバランスが見直されたりしています。

健康格差が起こっている原因は何だろう？

 健康のためには、栄養バランスがよい食事を取ることが大切ってことは
知っていると思うけど、食費を切り詰めなくてはならない人は、
どうしても栄養バランスより価格の安さを優先するんじゃないかな。
その結果、肉や野菜より米やパンなど炭水化物に偏るんだと思うよ。
でも、偏った食事を摂り続けて、病気になってしまわないかな。

 あと、運動だよね。学生の間は、体育の授業やクラブ活動などで
運動する機会があるけど、社会人はどうかな。
スポーツクラブにしても、ゴルフ・テニスの練習場やプールや体育館も
有料だからね。お金を払わないとなかなか運動できないよ。

 無料で使える健康遊具がある公園や公民館が地域にほしいなあ。
それに、日常生活にちょっとした運動を取り入れる工夫はできるかも。
資料2では、低所得層の22％が、健康のための取り組みについて、
「特に意識しておらず、具体的には何も行っていない」と答えているけど、
暮らしが厳しいのに健康不安はないのかな。

 暮らしが厳しくて、生活費を得るために仕事を休めないから、
体調が悪くても我慢して仕事をして、
健康への不安を見て見ぬふりをしているんじゃないかな。
「健康のために何もしていない」って責めるのはおかしいかも。

 お金と時間に余裕がないと、自分の健康に気を配ることはできないよね。
生活の余裕のなさが健康格差の原因じゃないかな。
経済格差が健康格差につながっている状況は、何とかしないといけないね。
健康は自己責任と言うだけでなく、
社会の問題としても考える必要があると思うよ。

STEP 2 発想を広げよう

　まず、「資料から読み取った問題点」を書いてみましょう。それに対して、「問題点が引き起こす悪影響」「問題点の原因や背景」さらに「問題点の解決策」を書き出しましょう。ここでは、思いつくことをできるだけたくさん書くのが大事です。

✐ 資料から読み取った問題点

✐ 問題点が引き起こす悪影響

✐ 問題点の解決策

✐ 問題点の原因や背景

🖉 資料から読み取った問題点

健康に関わる食事や運動習慣、また健康に対する取り組みや意識には
所得の差が影響している。経済的な余裕がないと健康について気を配ること
が難しい状況であり、経済格差が健康格差につながっている問題がある。

🖉 問題点が引き起こす悪影響

肉や野菜など、栄養のバランスが
よい食事をとるにはお金がかかる。

社会人が運動習慣をもつには
お金が必要なことが多い。

暮らしの厳しさから、
体調が悪くても休めない。

生活にゆとりがないことで、
健康管理が後回しになる。

🖉 問題点の原因や背景

世帯所得の低い人は、
世帯所得の高い人よりも
病気になるリスクが高い。

生活費を得るため、
体調が悪くても我慢する。
健康への不安を見て見ぬふりをする。

生活不安を抱えた状態では、
健康問題を自己責任として
解決することは難しい。

🖉 問題点の解決策

健康は自己責任の問題と
決めつけずに、
社会問題として考える。

↓

政策的なアプローチ

↓

自治体・企業への働きかけ
子ども食堂や社員食堂を通じ、
健康な食事・食環境の普及
待遇・労働環境の改善

↓

低所得者層の不利をなくす

↓

働き方改革 　 賃金を上げる

↓

時間と費用をかけずに
健康になれる社会的な仕組み

↓

長時間労働の
是正、休暇を
取りやすくする 　 運動の機会・
健康診断の
機会を増やす

↓

地域イベントと連携した
健診・公園や遊歩道などの
環境づくり

③ 発想を整理しよう

STEP 2で挙げたことのうち、どこに注目して小論文を書くかを考えましょう。また、説明するうえで必要な具体例を考えましょう。

✐ 資料から読み取った問題点

✐ 問題点が引き起こす悪い影響（具体的に）

✐ 問題点の原因や背景

一言で言うと：

具体的に：

✐ 問題点の解決策

一言で言うと：

具体的に：

資料から読み取った問題点

人々の食事や運動習慣、また健康に対する取り組みや意識には、
所得の差が影響している。
今の日本では経済的な余裕がないと健康について気を配ることが難しい。
経済格差が健康格差につながっている。

問題点が引き起こす悪い影響（具体的に）

低所得者層において、価格の安さから炭水化物に偏った食事になるという
栄養面での問題や、費用や時間的余裕のなさが理由の運動不足の問題が
起きている。
肥満や糖尿病といった生活習慣病になるリスクが高まる。

問題点の原因や背景

一言で言うと：

生活に余裕がないと、健康に配慮するのが難しい社会状況

具体的に：

食費を切り詰めなければならないほど生活が厳しい人たちがいる。
非正規雇用やパートタイム労働者の収入では、栄養バランスの取れた食事や
フィットネスクラブの利用は難しい。社会には健康は自己責任という考えも
強く、手厚い政策的な取り組みができていない。

問題点の解決策

一言で言うと：

所得や生活の余裕が健康に影響していることをふまえ、
健康問題を自己責任と決めつけず、社会の問題としても考えるべきだ。

具体的に：

暮らしにゆとりのない人も、暮らしの中で健康になれるような政策的な
取り組みを行う。
住民の糖尿病罹患率を問題視し、地域の外食産業に働きかけて、
野菜摂取量が増えるメニューづくりを促す取り組みをしている自治体や、
子ども食堂などで安価で栄養バランスのよい食事を提供できるように
ネットワーク作りをしている地域がある。

STEP 4 プロットを作ろう

序論 ✎ 資料をふまえ、自分の立場や意見を書こう。

文例

▶ 私は、社会における健康の問題は、『　　』であると考える。

▶ 社会における健康の問題は、『　　』である。

本論❶ ✎ 資料から読み取った問題点や、その原因や背景を書こう。

文例

▶ 資料『　』から『　　』と読み取ることができる。

▶ 資料『　』は、『　　』ことを示している。

▶ 『　　』が原因だろう。

▶ 『　　』といったことが背景にあると考えられる。

本論❷ ✎ 本論①で示した問題点の詳しい中身や、問題点の解決策を書こう。

文例

▶ このことから『　　』といった問題が起きている。

▶ 『　　』が必要だ。

結論 ✎ 今後の課題やあり方を書いて、まとめよう。

文例

▶ 今後の課題は、『　　』である。

▶ 今後は、『　　』をしていくことが必要である。

序論 ✐ 資料をふまえ、自分の立場や意見を書こう。

私は、社会における健康の問題は、経済格差が拡大し、それが健康格差につながっていることだと考える。

本論❶ ✐ 資料から読み取った問題点や、その原因や背景を書こう。

資料1からは、所得の低い人は野菜や肉よりも比較的安価な穀物を多くとる食生活になっており、運動習慣がない者の割合も大きいことがわかる。ほかの二つの資料から、時間的、経済的余裕がないことがその背景にあることがわかる。

本論❷ ✐ 本論①で示した問題点の詳しい中身や、問題点の解決策を書こう。

健康の問題を個人の自己責任として、低所得者の健康リスクを放置すれば、所得格差で生まれた健康格差がさらに弱者の生活を追い込んでしまう。健康は社会保障の問題にも関わる。政策的に取り組むことが必要だ。

結論 ✐ 今後の課題やあり方を書いて、まとめよう。

今後は健康問題について社会問題として議論をしていくことが必要である。自治体の中には既に取り組みを始めた例もある。

序論 ✐ 資料をふまえ、自分の立場や意見を書こう。

社会における健康の問題は、経済格差が拡大し、それが健康格差になっていることだ。
資料から、低所得者層の人は余裕がなく、自分の健康を後回しにしがちなことがうかがわれる。

本論❶ ✐ 資料から読み取った問題点や、その原因や背景を書こう。

所得の低い人の中には、非正規雇用など不安定な雇用形態の人も多い。
仕事に追われて健康にまで気を配る余裕がない状況が「健康のために何もしない」という回答の背景にあると考えられる。

本論❷ ✐ 本論①で示した問題点の詳しい中身や、問題点の解決策を書こう。

生活の厳しさから、健康を後回しにしている人に啓発によって自発的な取り組みを促してもあまり効果は期待できない。別の視点から社会的な工夫を考える必要がある。

結論 ✐ 今後の課題やあり方を書いて、まとめよう。

今後は、対策の視点を変え、気軽に利用できる健康サービスを充実させ、小さな誘導で健康行動を促す健康格差対策を考えていくべきだ。

STEP 5 原稿用紙に書こう

STEP 4で整理したプロットを使って、実際に小論文を書いてみましょう。

> **(2)** (1) をふまえ、社会における健康の問題についてのあなたの考えを、横書き・600字以内で述べなさい。

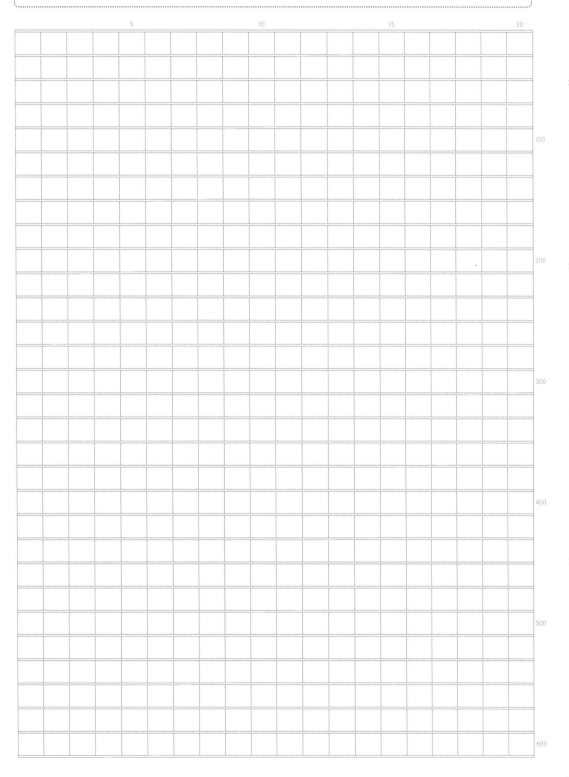

✏️ **表記・表現のチェック**

☐ 誤字や脱字はないか。

☐ 表現・表記上のミスはないか。

☐ 原稿用紙の使い方は守れたか。

✏️ **構成のチェック**

☐ 資料を選択できているか。

☐ 資料から読み取った内容をふまえられているか。

☐「序論」「本論」「結論」で適切に段落を分けているか。

☐ 指定字数の９割以上書けているか。

（2）：惜しい例

　資料１から、世帯所得の低い人は世帯所得の高い人よりも穀類摂取量が多く、野菜や肉の類摂取量が少ないこと、運動習慣がない人の割合も、世帯所得の低い人のほうが大きいことがわかる。資料２では、所得の高い人は、所得の低い人に比べて、健康のために何かやっていたり、注意を払ったりする人の割合が大きいが、所得の低い人は、健康のために特に何もしていない人の割合が大きいことがわかる。資料３では、忙しくて時間がない、経済的なゆとりがないことで健康のために何も行っていない人が約３割いることが読み取れる。これらの資料から、経済格差が健康格差につながっていると考えられる。私は、社会における健康の問題は、経済格差が本質的な原因であると考える。

（309字）

惜しいポイント

すべての資料の内容を書いているので、（１）の解答と同じになっている。

惜しいポイント

（１）で資料分析をしているので、（２）で資料の読み取りを繰り返す必要はない。

○ポイント
資料を選択し、提起した問題について解説を加えている。

○ポイント
問題点を具体的に説明している。

　私は、社会における健康の問題は、経済格差の拡大が健康格差につながっていることだと考える。資料1は、所得の差と食生活や運動習慣の差の関連を示している。所得の低い人は野菜や肉よりも安価な穀物を多くとる傾向にあり、また運動習慣がない者の割合も大きい。これには時間的、経済的余裕がないことの影響があると考えられる。

　これまでの日本社会では、健康管理は自己責任だとして、個人の努力に任せる考えが強かった。生活に余裕がないために健康に配慮できない状況は、個人の努力だけでは解決できない。自助努力に任せるだけでは、低所得者の健康リスクは高いままだ。所得格差で生まれた健康格差がさらに弱者の生活を追い込んでしまう。

　経済格差が生む様々な格差に目を向け、健康問題についても社会問題として政策的に取り組むことが必要だ。食べ物の選定や運動習慣は個人の選択に任せるものだという考えもあるが、健康は、医療や介護などの社会保障にも関わる。自治体の中には住民の糖尿病罹患率を問題視し、地域の外食産業に働きかけ、野菜摂取量が増えるメニューづくりを促す取り組みをしている例もある。

　健康を望んでいる人が、生活の厳しさから不健康な生活を改善できず、健康不安におびえるという状況をそのままにしてはならない。今後は所得格差が生む健康格差を社会問題としてとらえ、対策を講じていく必要がある。

（569字）

○ポイント
資料の背景や、自分なりに調べたことを入れている。

○ポイント
問題の解決に向けて、自分の考えを述べてまとめている。

○ポイント
資料を選択している。

○ポイント
資料の表す問題の背景に触れている。

　社会における健康の問題は、経済格差が健康格差につながっていることだ。資料3を見ると、「時間がない」と「経済的なゆとりがない」という理由で運動を「何もしていない」という人が約3割に上る。資料1に見られる食生活の偏りや運動習慣の低さは健康を気にする余裕がないことの表れだろう。

　所得の低い人の中には非正規雇用など不安定な雇用形態の人も多い。長時間労働で食事や運動に時間が取れない、正社員のように定期的な健康診断を受けにくい、病気や入院は仕事を失うことにつながりかねないという状況が、健康について「何もしていない」という回答の背景にあるのではないか。

　そうした厳しい状況にある人々に、今までのように自発的な取り組みを促しても、あまり効果は期待できない。別の視点から社会的な工夫を考えるべきだろう。以前、ショッピングモールや地域イベントで低額の健康チェックサービスを行っている企業が話題になった。予約もいらず買い物やイベントのついでに受けられる、費用と時間のかからない健康診断だと多くの利用があったと聞く。

　近年、行動経済学の「ナッジ」が注目されている。肘でつつくような小さな誘導が人の行動を促すうえでは効果的なのだそうだ。健康格差を解消するためには、健康チェックのような気軽に利用できる健康サービスを社会に充実させ、小さな誘導で健康行動を促す工夫を加える取り組みが、有効だと考える。

（584字）

○ポイント
問題について具体例を挙げながら、
自分の意見を明確に述べている。

○ポイント
問題に対する今後の取り組み方について
考えを述べ、まとめている。

書きこむだけ！
思考力が身につく小論文ノート

2023年8月1日　第1刷発行
2024年10月12日　第2刷発行

監　　　修　　河守晃芳
発　行　人　　土屋　徹
編　集　人　　代田雪絵
編　集　長　　細川順子
編集担当　　佐々木絵理

発　行　所　　株式会社Gakken
　　　　　　　〒141-8416　東京都品川区西五反田2-11-8
装　　　丁　　有限会社タイプフェイス
イラスト　　ユア
データ作成　　有限会社タイプフェイス
印　刷　所　　株式会社リーブルテック
執筆協力　　エデュ・プラニング合同会社、荒井紅実子
編集協力　　佐藤玲子、鈴木瑞穂

【この本に関する各種お問い合わせ先】
■ 本の内容については、下記のサイトのお問い合わせフォームよりお願いします。
　 https://www.corp-gakken.co.jp/contact/
■ 在庫については　Tel 03-6431-1199(販売部)
■ 不良品(落丁、乱丁)については　Tel 0570-000577
　 学研業務センター　〒354-0045　埼玉県入間郡三芳町上富279-1
■ 上記以外のお問い合わせは　Tel 0570-056-710(学研グループ総合案内)

学研グループの書籍・雑誌についての新刊情報・詳細情報は、下記をご覧ください。
学研出版サイト　https://hon.gakken.jp/